Myrrhe, Stall und Krippenstroh

Kinder
Gottesdienst
Gemeinde

Eine Buchreihe für die Praxis –
herausgegeben in Verbindung
mit dem Württ. Evang. Landesverband
für Kindergottesdienst

Bibliografische Information Der Deutschen Bibliothek

Die Deutsche Bibliothek verzeichnet diese Publikation in der Deutschen Nationalbibliografie; detaillierte bibliografische Daten sind im Internet über http://dnb.ddb.de abrufbar.

1. Auflage
Umschlag und Typografie: Dieter Kani, Stuttgart
Titelbild: Ruth Scholte van Mast; entnommen aus dem Buch:
Ursel Scheffler/Ruth Scholte van Mast, »Als die Tiere den Weihnachtsstern entdeckten«, Lahn-Verlag, Limburg – Kevelaer 1996
Illustrationen Seiten 7, 55, 109: Dorothea Layer-Stahl, Winnenden
Druck und Bindung: Koninklijke Wöhrmann, Zutphen
Printed in The Netherlands

ISBN 3-7797-0404-8 (Verlag Junge Gemeinde)
ISBN 3-7840-3324-5 (Lahn-Verlag)

Myrrhe, Stall und Krippenstroh

Neue Weihnachtsspiele

Herausgegeben von
Peter Hitzelberger

JUNGE GEMEINDE • LAHN

Inhalt

Vorwort 6

I. Kommet, ihr Hirten! 7

Gaby Deibert-Dam
Die Nacht der Rosen 8

Sieglinde Rupsch
In Bethlehem in jener Nacht 18

Sieglinde Rupsch
Ein Lied für den König 22

Renate und Karl-Hermann Schneider
Die Nacht, in der die Tiere sprechen konnten 32

Kurt Rainer Klein
Wir gehen und sehen in Bethlehem 36

Kurt Rainer Klein
Inmitten dunkler Nacht 42

Monika und Gerhard Reich
Es wird hell in Bethlehem 48

II. Wie schön leuchtet der Morgenstern 55

Gaby Deibert-Dam
Unterwegs zum Stern von Bethlehem 56

Renate und Karl-Hermann Schneider
Das verträumte Sternchen Blinki und die Heilige Nacht . . 70

Thomas Reuter
Was ist eigentlich Myrrhe? 74

Kurt Rainer Klein
Der Stern, der die Welt bewegt 84

Britta Schönberger
Benjamin findet wieder Mut 89

Bernhard Kurrle
Jesus, der Heiland, kommt zur Welt 98

III. Freue dich, du Christenheit! 109

Britta Schönberger
Lara sucht das Christkind 110

Kurt Rainer Klein
Die Welt von morgen 122

Wilhelm Brandner
Weihnachten auf der Spur 129

Ursula Schultheiß
Schlechte Nachbarn – gute Zeiten 138

Ursula Schultheiß
Märchenhafte Weihnachten? 144

Ingrid Wedekind
Wo wohnt das Christkind? 151

Heinz Hauger und Helga Werner
Das Auge, auf dem man blind ist 157

Verzeichnis der Lieder

Alle Ehre, alle Ehre (Chor der Engel) 30
Der Stern am Himmel steht nicht still 86
Der Weg war ihnen nicht zu weit 45
Die Hirten hatten bald den Stall gefunden 47
Die Hirten schlafen auf dem Feld (Engelslied) 18
Die Hirten springen auf geschwind (Hirtenlied) 19
Fürchtet euch nicht! (Lied des Erzengel Gabriel) 27
Inmitten dunkler Nacht 44
In Bethlehem lag in jener Nacht 21
Was soll das bedeuten? 26
Wir gehen und sehen in Bethlehem 41
Wir Hirten lagern vor den Toren 43

Abkürzungen, die in diesem Buch vorkommen:

EG = Evangelisches Gesangbuch
GL = Gotteslob (Katholisches Gesangbuch)
SL = Schwerter Liederbuch »Singt dem Herrn«, Verlag BDKJ, Paderborn

Vorwort

Das Weihnachtsspiel der Kinder ist eine gute Tradition, die in vielen Gemeinden gepflegt wird. Es ist erfreulich, dass uns zahlreiche Autorinnen und Autoren aus verschiedenen Gemeinden wieder ihre Stücke zur Verfügung gestellt haben, die wir in diese Sammlung mit Weihnachtsspielen aufnehmen konnten. Es ist eine bunte Mischung und eine Vielfalt an Darbietungsmöglichkeiten zusammengekommen. Ich hoffe, dass dieser neue Band ähnliche Verbreitung findet wie das Vorgängerbuch »Was sucht die Maus in Bethlehem?« und viele Vorbereitungsteams darin eine Vorlage für ihr nächstes Weihnachtsspiel finden.

Jede Gemeinde hat andere Voraussetzungen, jedes Vorbereitungsteam andere Wünsche an das Stück, das sie aufführen möchten. Die Erwartungen der Gottesdienstbesucher am Heiligen Abend sind vielleicht nochmals anders. Immer wieder ist man deshalb auf der Suche nach Stücken, durch die die bekannte und vertraute Botschaft der Heiligen Nacht wie in ein neues Gewand gekleidet wird. Dem versucht die Auswahl dieses Buches Rechnung zu tragen.

Damit die Leserinnen und Leser leicht fündig werden, sind den einzelnen Stücken kurze Vorbemerkungen zum Inhalt vorangestellt. Dort finden sich auch die nötigen praktischen Angaben zur erforderlichen Personenzahl und weitere Besonderheiten, die in der Vorbereitung zu berücksichtigen sind.

Jedes Stück ist praxiserprobt. Bei der Herausgabe wurde es ggf. noch um weitere Regieanweisungen ergänzt, um das Einüben mit den Kindern zu erleichtern. Ein kreativer Umgang mit dem jeweiligen Text ist dennoch wünschenswert. Veränderungen in der Spielerzahl, kleine Änderungen am Text oder das Weglassen einzelner Szenen können notwendig sein, um die hier vorgegebenen Weihnachtsspiele den örtlichen Gegebenheiten anzupassen.

Ein herzlicher Dank gilt zum Schluss den Autorinnen und Autoren, die ihre Stücke zur Verfügung gestellt haben.

Möge das Buch Ihnen helfen, Weihnachten mit Kindern und Erwachsenen lebendig zu gestalten und zu feiern.

Peter Hitzelberger

I. Kommet, ihr Hirten!

Die Nacht der Rosen

Gaby Deibert-Dam

Vorbemerkung

Das Stück greift die klassischen Krippenspielszenen auf: Herbergssuche, Verkündigung an die Hirten und Besuch der Hirten an der Krippe. Während die Erwachsenen keine Unannehmlichkeiten mit der schwangeren Maria haben wollen, sind es die Kinder von Bethlehem, die sich der Not erbarmen und den Stall als Unterkunft anbieten. Nach den Hirten kommen auch sie noch einmal zum Stall und machen eine kostbare Entdeckung: Ein Wunder ist geschehen, denn ein vertrockneter Rosenstock blüht plötzlich wieder.
Die Kinder verteilen am Ende Rosen an die Gottesdienstbesucherinnen und -besucher. Eine ausreichende Anzahl Rosen muss rechtzeitig zum Gottesdienst besorgt werden.

Personen:

Benjamin	Mutter	1. Engel
David	Soldat	2. Engel
Ruth	Maria	3. Engel
Hanna	Josef	
Judith	Wirt	Tempeldiener
(eventuell noch	Vater	Hinkende Frau
weitere Kinder		Teppichhändler
auf den Straßen	Rafael (1. Hirte)	
von Bethlehem	Nathanael (2. Hirte)	
mit stummen Rollen)	Samuel (3. Hirte)	

1. Szene

(Benjamin, David und Ruth rennen durch den Mittelgang. Hanna versucht hinterherzukommen.)

Hanna: Jetzt bleibt doch mal stehen. Wartet auf mich! Ich kann nicht so schnell!

Benjamin: Los, beeil dich, Hanna! Wir wollen doch Judith zum Spielen abholen.
(Die Kinder sind vorne angekommen.)

Ruth: Judith, kommst du raus zum Spielen, oder musst du noch deiner Mutter helfen?

Judith: *(kommt heraus)* Nein, ich bin schon fertig mit dem Hofkehren. Was wollen wir denn heute machen?

David: Wir könnten Fangen spielen!

Benjamin: Nein, lasst uns »Stadt-Land-Fluss« spielen! Da lernt man wenigstens was dabei.

Judith: Du alter Streber! Das ist doch alles langweilig! Lasst uns »Personenraten« spielen.

Hanna: »Personenraten«? Was ist denn das?

Judith: Es sind doch zur Zeit so viele fremde Leute hier in Bethlehem. Wir können raten, woher sie kommen.

David: Au ja. Das ist eine gute Idee.

Hanna: Das ist bestimmt lustig.
(Bunt gekleidete Menschen laufen an den Kindern vorbei.)

Benjamin: Na gut, wenn ihr meint! Ich weiß schon den ersten: der sieht aus wie ein Tempeldiener aus Jerusalem, findet ihr nicht?
(Ein »Tempeldiener« läuft vorbei.)

Judith: Könnte stimmen. Was meint ihr, wo die Frau herkommt, die da vorne hinkt? *(Frau hinkt vorbei.)*

Ruth: Vielleicht kommt sie aus Samarien, sie sieht so anders aus?

Benjamin: Den Mann, der da gerade kommt, kenne ich. Das ist der Händler Sebulon aus Damaskus. Sebulon bringt meinem Vater immer feine Stoffe und Teppiche.
(Mann mit Teppich auf dem Rücken kommt durch die Mitte gelaufen.)

David: Wisst ihr eigentlich, warum die vielen fremden Leute hierher nach Bethlehem gekommen sind?

Judith: Vielleicht ist überall eine Hungersnot ausgebrochen außer in unserem Dorf!

Benjamin: Mein Vater hat mir das aber so erklärt: Kaiser Augustus in Rom hat befohlen, dass eine Volkszählung gemacht wird. Das bedeutet, dass jeder dahin gehen muss, wo er geboren ist. Kaiser Augustus will wissen, wie viele Untertanen er in seinen römischen Provinzen hat, damit er ihnen noch mehr Steuern abnehmen kann! Mein Vater sagt, dass Augustus ein Halsabschneider ist. Von allen diesen Leuten sind einmal Familienangehörige aus Bethlehem weggezogen.

Ruth: Müssen auch alte, schwache und kranke Menschen, die nicht weit wandern können wie die Frau aus Samarien in ihren Geburtsort zurückgehen?

Benjamin: Ja, natürlich. Alle Leute.

David: Oh, Mensch, ist das gemein von Kaiser Augustus!

Judith: »Augustus der Gemeine, der macht den Leuten Beine.«
(Alle Kinder rufen den Spottreim nach. Eine Mutter kommt aus dem Haus.)

Mutter: Kinder, seid doch leise! Wollt ihr denn, dass die römischen Soldaten euch fangen?
(Die Kinder rennen weg und singen hinterm Haus weiter. Ein Soldat kommt und versucht, die Unruhestifter zu finden.)

Soldat: Wenn ich euch erwische, ihr Bengel! Dann könnt ihr was erleben!

2. Szene

(Josef und Maria laufen langsam Richtung Bethlehem.)

Maria: Ach, Josef, endlich sind wir in Bethlehem. Das es sooo ein weiter Weg ist, hätte ich nicht gedacht. Mir tut alles weh. Jetzt will ich erst einmal schlafen!

Josef: Hoffentlich finden wir hier überhaupt eine Herberge, die noch Platz für uns hat. Ich kenne mich hier gar nicht mehr aus. Wir wollen mal fragen. *(Pause. Die Kinder kommen auf den Platz gelaufen. Sie spielen Fangen o. Ä.)*
Die Kinder dort wissen bestimmt Bescheid. *(geht zu ihnen hin)*
Schalom Kinder!

Kinder: Schalom!

Josef: Könnt ihr uns zeigen, wo hier in Bethlehem eine Herberge ist?

Benjamin: Beim alten Simon ist vielleicht noch ein Bett frei. Du musst wissen, die Stadt ist zur Zeit sehr voll wegen der Volkszählung!

Josef: Ich weiß, ich weiß. Deswegen sind wir ja auch hier, Maria und ich.

Ruth: *(neugierig)* Was hast du denn, Maria? Du siehst so müde aus!

Maria: Ich erwarte ein Kind. Vielleicht wird es schon heute Nacht geboren. Ich bin wirklich sehr müde.

Hanna: *(hüpft freudig hoch und runter)* Ich weiß den Weg, ich weiß den Weg zu Simons Herberge! Kommt mit!
(Alle laufen zusammen zur Herberge. Josef klopft.)

Wirt: Wollt ihr ein Bett?

Josef: Ja, gern. Wir kommen aus Nazaret und sind sehr müde von der langen Reise. Wie du siehst, erwartet meine Frau ein Kind und ist deswegen sehr erschöpft.

Wirt: Was, ein Kind! Keine ruhige Nacht mehr für mich und meine Gäste! Das kann ich nicht zulassen! *(knallt die Tür zu)*

Maria: *(verzweifelt)* Oh Josef, was machen wir denn jetzt?

Ruth: Ich wüsste noch eine Möglichkeit. Das ist zwar nicht so bequem, aber in unserem Stall ist es wenigstens warm und ihr habt ein Dach über dem Kopf! Sollen wir meine Eltern fragen, ob ihr dort übernachten dürft?

Maria: Soll mein erstes Kind wirklich in einem Stall zur Welt kommen?

Josef: Ich fürchte, es wird uns nichts anderes übrigbleiben, Maria. Verflucht sei dieser Kaiser Augustus!

David: Leise, hier gibt es überall römische Soldaten ...
(Alle laufen zum Haus. Ruths Vater hackt Holz.)

Ruth: *(aufgeregt)* Papa, Papa – hier sind zwei Leute, und die Frau kriegt ein Kind, und in Simons Herberge hat man sie nicht aufgenommen. Dürfen sie in unserem Stall schlafen?

Vater: *(zu Ruth gewandt)* Muss das denn sein, Ruth? Was schleppst du uns nur immer an? Einmal ist es eine verletzte Katze, dann ein kranker Vogel und jetzt eine schwangere Frau!
(Er wendet sich an Josef und Maria.)
Gibt es denn keine andere Möglichkeit für euch?

Josef: Nein, leider nicht.

Vater: Na gut, wenn es denn sein muss! Aber zu essen kriegt ihr von uns nichts. Wir nagen selbst am Hungertuch.

Ruth: Danke, Papa! *(zu Josef und Maria)* Wir zeigen euch den Weg zum Stall. *(Die Kinder laufen los.)*

Judith: Habt ihr denn noch etwas zu essen?

Maria: Wir haben fast nichts mehr und unser Geld geht auch schon zur Neige. Josef verdient als Zimmermann nicht viel.

Ruth: Hier ist nun der Stall. Macht es euch bequem. Braucht ihr noch etwas?

Josef: Nein, danke, Kinder. Ihr ward sehr lieb zu uns. Aber jetzt wollen wir uns ein bisschen ausruhen.
(Die Kinder gehen. Josef und Maria legen sich auf dem Stroh hin, die Kinder beratschlagen hinter dem Stall, was sie für Maria und Josef noch tun können.)

Hanna: Maria wird Hunger haben.

Judith: Ich habe eine Idee. Wir spielen Räuber und plündern die Speisekammern unserer Eltern aus. Macht ihr mit?

David: Aber das darf man doch nicht!

Benjamin: Gott hat uns verboten zu stehlen!

Judith: Und wenn Maria in Ruths Stall verhungert? Und das Baby mit ihr? Das können wir nicht zulassen!

Hanna: Wir haben ganz viele Datteln zu Hause, davon könnten wir sicher ein paar bekommen!

Judith: Meine Mutter hat heute Fladenbrot gebacken. Das wird doch nur hart, wenn es nicht gegessen wird. Benjamin, ihr habt doch gerade geschlachtet. Kannst du nicht etwas Lammfleisch mitbringen?

Ruth: Und David einen Krug Wasser!

Benjamin: Na gut ...! *(Die Kinder machen sich auf den Weg.)*

Judith: *(Auf dem Weg stolpert sie über einen Rosenstock.)*
Aua, blöder alter Rosenstock. Jetzt hab ich mir die Beine verkratzt! Ruth, den Rosenstock müsst ihr mal wegmachen, der steht ja doch nur im Weg herum und blüht nicht mehr!
(Die Kinder laufen nach Hause und kommen nach kurzer Zeit mit Essenskörben zurück. Sie stellen alles leise in den Stall, weil Josef und Maria schlafen.)

3. Szene

(Die Hirten Rafael, Samuel und Nathanael sitzen um ihr »Hirtenfeuer«.)

Rafael: Och, bin ich müde!

Samuel: Lasst uns schlafen gehen.

Nathanael: Ja, es war so ein langer und anstrengender Tag heute.

Rafael: Und das Feuer geht aus. Mir wird's zu kalt.
(Hirten legen sich hin.)

Samuel: Das war doch heute mal wieder typisch, wie die Leute aus Bethlehem uns behandelt haben, als wir durchs Dorf ziehen wollten.

Nathanael: Beschimpft haben sie uns als »dreckige Hirten« und als »Räuber«. Dabei haben wir ihnen gar nichts getan!

Rafael: Wenn sie uns nur mal wie normale Menschen behandeln würden und nicht wie Banditen!

Samuel: Dabei bekommen sie doch von uns Wolle, aus der sie ihre Kleider machen! Und Lammfleisch ... Sie sollten uns dankbar sein; aber stattdessen beschimpfen sie uns und jagen uns aus dem Dorf!

Nathanael: Lasst uns schlafen, es war doch schon immer so und es wird sich auch nie ändern!
(Die Hirten schlafen. Alles wird dunkel. Plötzlich erklingt leise Musik. Der Stern geht an über dem Stall. Drei oder mehr Engel kommen mit Kerzen. Rafael wird wach und reibt sich die Augen.)

Rafael: Ich glaube ich träume. Ich sehe Engel!

1. Engel: Fürchtet euch nicht, ihr Hirten! Heute ist ein ganz besonderer Tag für euch und alle Menschen. Gott liebt euch so, dass er seinen Sohn in die Welt gesandt hat. Er ist als kleines Kind geboren worden, hier ganz in der Nähe in einem Stall. Er wird euch und allen Menschen Gottes Frieden und Liebe bringen.

Rafael: Hei, wacht auf! Samuel, Nathanael, wacht auf!
(Leise Musik)

2. Engel: Kommt, wir zeigen euch den Weg zum Stall!

3. Engel: Ihr müsst nur dem hellen Stern folgen.

Rafael: Lasst uns nach Bethlehem gehen und sehen, was dort passiert ist!
(Die Engel gehen zum Stall. Die Hirten laufen hinterher. – Hinter den Kulissen ziehen die fünf Kinder lange Nachthemden, vielleicht auch Nachtmützen an.)

4. Szene

(Die Hirten sind beim Stall angekommen. Maria erschrickt ein bisschen über den unerwarteten Besuch.)

Maria: Oh, wer seid ihr denn und was wollt ihr hier?

Samuel: Wir sind Hirten. Ich heiße Samuel.

Rafael: Ich bin Rafael.

Nathanael: Und ich Nathanael.

Rafael: Wir haben Engel auf dem Feld gesehen, könnt ihr euch das vorstellen? Und die haben uns hierher zu euch geschickt. Hier soll ein ganz besonderes Kind geboren sein. – Gottes Kind! Stimmt das denn?

Josef: Jedes Kind ist ein besonderes Kind! Kommt nur rein, wir zeigen euch unseren kleinen Jesus gern.

Maria: Schaut, ihr Hirten, dort in der Krippe liegt unser Kind.

Nathanael: Die Engel haben uns gesagt, dass euer Sohn der Welt Liebe und Frieden bringen soll. Meint ihr, das gilt auch für uns? Uns mag nämlich keiner!

Josef: Das kann ich mir nicht vorstellen!

Samuel: Alle hier aus dem Dorf beschimpfen uns als Gauner und Schweine. Sie sagen, wir sind dreckig! Dabei haben wir ihnen gar nichts getan!

Maria: Ich finde es sehr nett, dass ihr uns besucht. Und ich glaube fest daran, dass Gott alle Menschen lieb hat – auch euch Hirten!
Gott hat auch zu mir einen Engel gesandt. Er hat mir gesagt, dass ich bald einen Sohn bekommen werde. Das habe ich ihm zuerst nicht geglaubt, aber so ist es geschehen. Der Engel sagte auch, dass Jesus später »Sohn Gottes« genannt werden wird und dass er ein großer Friedenskönig werden soll, dessen Herrschaft nie zu Ende geht.

Nathanael: Wenn er König wird, wird er dann die Römer aus dem Land vertreiben?

Maria: Nein, ich glaube nicht, dass so ein König gemeint war. Ein ganz anderer Herrscher wird er sein, einer, der Liebe und Frieden bringt und nicht Krieg und Macht!

Rafael: Am liebsten würde ich die ganze Nacht hier bei euch bleiben. Aber wir können die Schafe nicht so lange allein lassen.

Samuel: Wir kommen bestimmt bald wieder.

Josef: Ihr seid uns immer herzlich willkommen.
(Die Hirten gehen durch die Stadt zurück.)

Nathanael: *(unterwegs in freudiger Erregung)* Eigentlich müssten wir allen Leuten erzählen, was heute Nacht geschehen ist. Dass Gottes Sohn geboren ist, das passiert ja nicht alle Tage!

Rafael: Einverstanden. Alle sollen es wissen.
(Die Hirten ziehen laut rufend durch das Dorf.)

Samuel: Wacht auf, ihr Leute! Euch ist heute der Heiland geboren!

Rafael: Ja, wacht auf! Gottes Sohn liegt in einem Stall in eurer Stadt!

Nathanael: Wacht auf! *(Lichter gehen an, Fensterläden auf.)*

Wirt: Wer schreit denn da so, mitten in der Nacht? Gottes Sohn – in einem Stall geboren? Seid ihr verrückt geworden?

Mutter: Ruhe hier! Wir wollen schlafen!

Vater: Haut ab zu euren Schafen, ihr besoffenen Hirten!

Soldat: Was ist denn hier los? Wenn ihr nicht gleich ruhig seid, muss ich euch verhaften!
(Hanna wird wach und kommt im Nachthemd aus dem Haus. Sie wirft Steinchen an das Fenster des Nachbarhauses und ruft nach Judith.)

Hanna: Pst, Judith, komm raus! Es ist etwas passiert.
(Judith schaut heraus und kommt dann herunter.)

Judith: Was ist denn los?

Hanna: Ich glaube, Maria hat das Kind bekommen. Hast du denn nicht die Hirten gehört?

Judith: Sollen wir die anderen wecken und schnell mal nachsehen? Ich gehe zu David und Benjamin, wenn du Ruth weckst.

Hanna: Und wir treffen uns vor Ruths Haus. Einverstanden?
(Die Kinder wecken die anderen.)

5. Szene

Hanna: Wartet auf mich, ich kann doch nicht so schnell.

David: Komm, Hanna, beeil dich. Wir müssen wieder zurück sein, ehe die Eltern etwas merken!

Ruth: Pst, seid nicht so laut!

Hanna: Ist es eigentlich ein Mädchen oder ein Junge, Benjamin?

Benjamin: Woher soll ich denn das wissen? Wir sind ja gleich da, dann werden wir es sehen.
(Die Kinder sind am Stall angelangt.)

Judith: Hallo Maria, hallo Josef! Wir haben von den Hirten gehört, dass das Kind geboren ist. Dürfen wir es mal sehen?

Josef: Hallo Kinder! Solltet ihr nicht in euren Betten liegen und schlafen?

Maria: Soviel Besuch heute Nacht! Hier liegt unser kleiner Jesus.

Ruth: Darf ich ihn mal auf den Arm nehmen?

Maria: Ja, aber bitte sei vorsichtig.

Judith: Ich habe zu Hause noch eine Babyrassel von meinem kleinen Bruder. Die hole ich euch schnell.
(Judith kommt an dem Rosenstock vorbei, der in voller Blüte steht.)

Judith: *(ruft ihren Bruder)* He, kommt mal raus, es ist ein Wunder geschehen!

Benjamin: Ach Judith, du immer mit deinen übertriebenen Geschichten!

Judith: Nein, wirklich, kommt mal hinter den Stall.
(Die Kinder laufen nach hinten. Man hört Getuschel.)

Ruth: Oh, das ist ja toll – und wie sie duften – so viele.

(Kinder rennen wieder nach vorne und bringen die Rosen mit.)

Judith: Maria, Josef, schaut, was wir gefunden haben! So viele Rosen! Dabei war der Stock doch vertrocknet!

Benjamin: Was das wohl zu bedeuten hat?

Josef: Das ist wirklich die Nacht der Wunder heute.

Maria: Die Rosen sind sehr schön. Aber hier im Stall ist nicht mehr so viel Platz. Ich habe eine Idee: Verteilt doch die Rosen an die Leute in Bethlehem, damit sie auch etwas von unserer Freude abbekommen können!

Kinder: Oh ja, eine gute Idee! Wir gehen gleich los.

(Die Kinder verteilen währenddessen Rosen an die Gottesdienstbesucherinnen und -besucher.)

In Bethlehem in jener Nacht

Sieglinde Rupsch

Vorbemerkung

Dieses kleine Singspiel erzählt die Weihnachtsbotschaft des Lukas in kurzen Liedversen. Es kann bei vielen Gelegenheiten zur Aufführung gebracht werden, z.B. als kleiner Programmpunkt bei einem Altennachmittag, bei einer Adventsfeier im Kindergarten oder in der Schule, aber auch im Rahmen eines Familiengottesdienstes, statt der Lesung des biblischen Textes.
Das Stück spielt auf dem Hirtenfeld und im Stall von Bethlehem.

Personen:

1. Erzähler/in
2. Erzähler/in
Engel
Engelschar bei der Krippe

1. Hirte
2. Hirte
3. Hirte
4. Hirte
Eventuell weitere Hirten
und ein Sternträger

Kindergruppe

(Die Hirten liegen schlafend auf dem Feld. Vielleicht sind auch ein paar Schafe da. Der/die 1. Erzähler/in tritt auf. Wenn der/die Erzähler/in vom Engel singt, kommt dieser dazu und setzt in das Lied des/der Erzähler/in ein. Die einzelnen Strophen sind durch eine Leerzeile kenntlich gemacht.)

Engelslied

1. Erzähler/in: Die Hirten schlafen auf dem Feld.
Sehr kalt ist diese Nacht.
Doch plötzlich strahlt das Himmelszelt.
Die Hirten werden wach.
(Die Hirten erwachen und halten sich die Hand vor die Augen. Sie sind erschrocken und verwirrt.)

Sie hören, wie der Engel spricht:

Engel: Habt keine Angst! Freut euch!
Ich bring euch gute Nachricht:
Der Retter kommt zu euch.

Als Kind kommt Christus, Gottes Sohn.
Versteht das Zeichen recht.
Er steigt herab vom Himmelsthron,
liegt in der Krippe schlecht.

Im Stall gebor'n als armes Kind!
Nach Bethlehem lauft schnell!
Damit den Weg ihr sicher find't,
scheint euch ein Stern ganz hell.

(Eventuell hat man einen beleuchteten Stern, den man jetzt aufscheinen lassen kann. Die Hirten springen auf und ergreifen ihre Hirtenstecken, ihre Hüte u.ä., um gleich aufzubrechen. Nur einer bleibt wie angewurzelt stehen.)

Hirtenlied

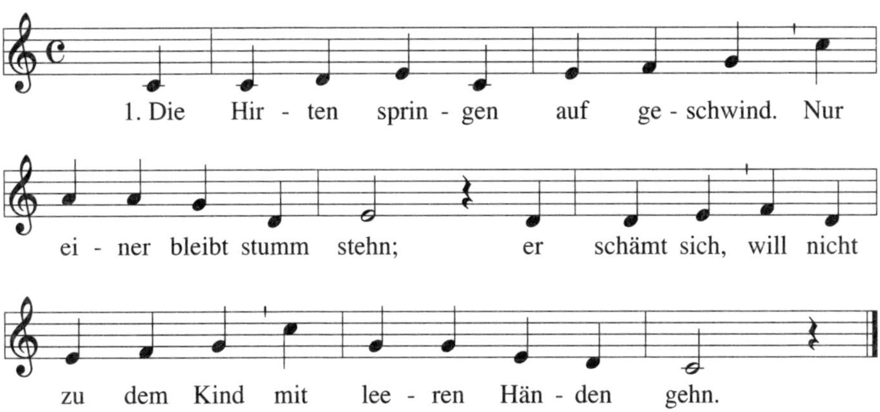

2. Erzähler/in: Die Hirten springen auf geschwind.
Nur einer bleibt stumm stehn.
Er schämt sich, will nicht zu dem Kind
mit leeren Händen gehn.

Sie überlegen hin und her:

Alle Hirten: Was schenken wir dem Kind
dort in dem Stall? Uns fällt es schwer,
weil arme Leut' wir sind.

1. Hirte: Ich habe dieses halbe Brot!
2. Hirte: Und ich den Käse hier!
3. Hirte: Ich schenk ein Fell, das lindert Not,
wenn's Kind erfrieret schier.

4. Hirte: Ich nehme dieses Lämmchen mit,
trag es auf meinem Arm.
Schafmutter folgt auf Schritt und Tritt,
gibt Milch und hält gut warm.

(Die Hirten laufen bei der folgenden Liedstrophe los zum Stall. Der Stern zieht mit.)

2. Erzähler/in: Dann läuft die kleine Hirtenschar
zum Stall in Bethlehem.
Dort strahlt der Stern so hell und klar
wie nie zuvor gesehn.

Zwei Hirten: Wohl hundert Engel auf dem Dach,
die singen Gott zur Ehr'.
Das Kind liegt in der Krippe wach.
Traut euch! Kommt alle her!

Alle Hirten: Wir legen bei der Krippe dann
unsre Geschenke hin.
Wie schön ist dieses Kind! Schaut an!
2. Erzähler/in: Ganz fröhlich wird ihr Sinn!

Die Hirten bleiben lange dort.
Ihr Herz füllt Gott mit Glück.
Erst früh am Morgen gehn sie fort
zu ihren Herden zurück.

(Die Hirten ziehen zurück aufs Hirtenfeld und legen sich schlafen. Der Stern bleibt über dem Stall stehen. Beim folgenden Lied der Kindergruppe wird die letzte Zeile jeweils wiederholt.)

Abschlusslied

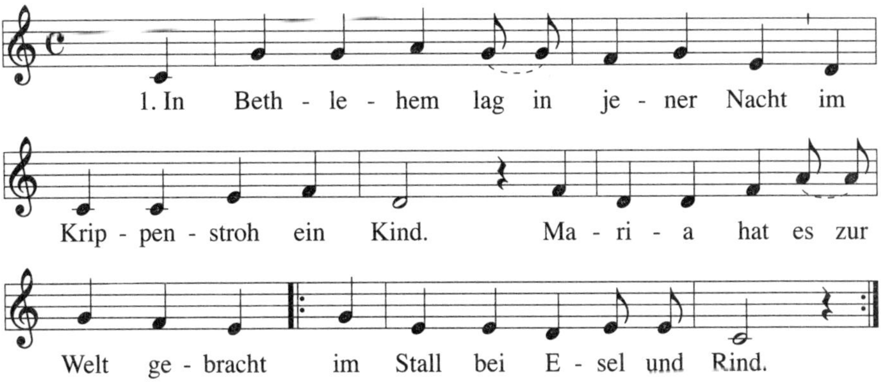

Kindergruppe: In Bethlehem lag in jener Nacht
im Krippenstroh ein Kind.
Maria hat es zur Welt gebracht
im Stall bei Esel und Rind.

Der Vater Josef bewachte sie
und tat kein Auge zu.
Auf dunklem Feld bei Schaf und Vieh
da schliefen Hirten in Ruh.

Ein Engel hat sie aufgeweckt,
schickt' sie nach Bethlehem.
Sie haben Gottes Sohn entdeckt,
dort, wo der Stern blieb stehn.

Der Stern steht weiter über'm Stall.
Er leuchtet licht und rein.
Er lädt die Menschen von überall
zum Jesuskinde ein.

Ein Lied für den König

Sieglinde Rupsch

Vorbemerkung

Ein Krippenspiel nach einer alten Hirtenlegende. Es stellt der Erwartung der Menschen nach einem mächtigen Retter und König die Botschaft der Menschwerdung Gottes als Kind gegenüber.
Die Bühne ist folgendermaßen aufgeteilt: Links liegen Strohballen als Hirtenlager. Mit Holzscheiden und einer rötlich leuchtenden Laterne kann ein Lagerfeuer angedeutet werden.
In der Mitte steht hinten auf einem Stuhl oder einem niedrigen Tisch ein Projektor. Vorne ist ein weißes Tuch für das Schattenspiel gespannt, am besten auf einen Holzrahmen. Die Personen, die beim Schattenspiel auftreten, werden von hinten angestrahlt: König und Johannes. Sie müssen durch das Tuch ganz verdeckt sein.
Über dem Tuch erscheint später der Erzengel. Er sollte mit einem starken Scheinwerfer von vorn angestrahlt werden. Rechts ist oben ein großer Stern angebracht, darunter steht der Stall. Die Tür ist zunächst noch geschlossen. Im Stall steht nur die Krippe. Die Geräusche des weinenden Kindes können vorher aufgenommen werden.

Personen:

Drei Hirten:	Matthias, Lukas und Markus
Großvater:	Simon
Enkel:	Johannes
Erzengel:	Gabriel
im Stall:	Maria und Josef, das Kind
König:	(Schattenbild)
Chor:	viele Engel

(Die drei Hirten, der Großvater und sein Enkel sitzen um das Lagerfeuer und unterhalten sich.)

Matthias: Habt ihr die vielen Leute gesehen,
wie sie alle nach Bethlehem gehen?

Lukas: Das muss wegen der Zählung sein.
Der Kaiser brockte sie uns ein.
Der Römer Augustus, Herr der Welt,
will, dass ein jeder ihm erzählt,
was Handwerk oder Acker bringen,

um Zins und Zoll ihm abzuzwingen.
Der Kaiser führt ein großes Heer.
Bezahlen muss er's. Geld braucht er.

Markus: Von mir kriegt er keins. Alles gestohlen!

Matthias: Wo nichts ist, kann keiner was holen.

Lukas: Wir sind doch wirklich die Ärmsten der Armen!

Simon: Ach, sitzt du nicht hier bei uns im Warmen?
Wir haben ein Feuer, wir haben Licht;
und Hunger leidest du auch grade nicht!

Lukas: Hast recht! Mit Käse, Milch und Brot
leiden wir wirklich keine Not.

(Simon steht auf, tritt zwei Schritte zur Seite und schaut nach den Sternen.)

Matthias: Ein Dach überm Kopf wär' dir auch recht –
Gib's zu, Alter! Es wär' doch nicht schlecht?

Markus: Ein Dach überm Kopf? Doch nicht für den!
Dann könnte er seine Sternlein nicht sehn!

Matthias: Der glotzt ja schon wieder! Was sagen die Sterne?
(spottet und lacht)
»Blink, blink, lieber Simon, wir haben dich gerne!«

Lukas: Ja spottet nur! Was versteht ihr denn davon?

Markus: Pahh, der Simon, der schaut doch seit Jahren schon.
Und? Haben die Sterne ihm je was erzählt?

Lukas: Dass Hilfe kommt gegen das, was uns quält.

Matthias: Pff! Seit Jahren versprechen uns das die Propheten:
Der Heiland wird kommen. Wir hoffen und beten.
(lacht bitter)

Markus: Ich für mein Teil warte noch immer.
König Herodes macht alles noch schlimmer.
Der duckt sich, paktiert mit der römischen Meute
und plagt im Lande die eigenen Leute.

Matthias: Ein neuer König müsst' Hilfe bringen,
die frechen Römer niederringen
und Ordnung schaffen in unserem Land,
ein guter König mit starker Hand.

(Simon dreht sich zu den anderen Hirten um.)

Simon: Er wird bald kommen. Er ist auf dem Wege.

Markus: *(äfft ihn nach)*
»Er wird bald kommen.« Was soll das Gerede?
Wir sind unter allen Leuten die Letzten:
Strolche, Verbrecher, die Ausgesetzten.
Wie soll uns vom König Hilfe kommen?
Der Heiland hilft doch nur den Frommen!

(Jetzt meldet sich der Enkel zu Wort, der bei dem Stichwort »König« plötzlich an dem Gespräch der Männer interessiert ist.)

Johannes: Wird der König eine hohe Krone tragen?
Den purpurnen Mantel mit goldenem Kragen?
Ein silbernes Schwert und Schnallenschuh?
Großvater, sag's mir, trifft das zu?

Simon: *(unsicher)* Ja, ja, mein Kleiner, so wird es wohl sein.

Johannes: *(eifrig)* Dann üb' ich ein Lied mit der Flöte ein.
Es soll so schön klingen wie Engelschor,
mit Schleifen und Trillern! Dann spiel ich es vor
dem König. Das wird ihm sicher gefallen.
(stolz) Flöte spiel' ich am besten von allen.

(Johannes übt zuerst die einfache Melodie A, danach die Melodie B mit Verzierungen. Währendessen tritt der König hinter dem in der Mitte gespannten Tuch auf. Er wird von hinten angestrahlt, so dass man von vorne sein Schattenbild sieht.)

Das Lied des Johannes

A

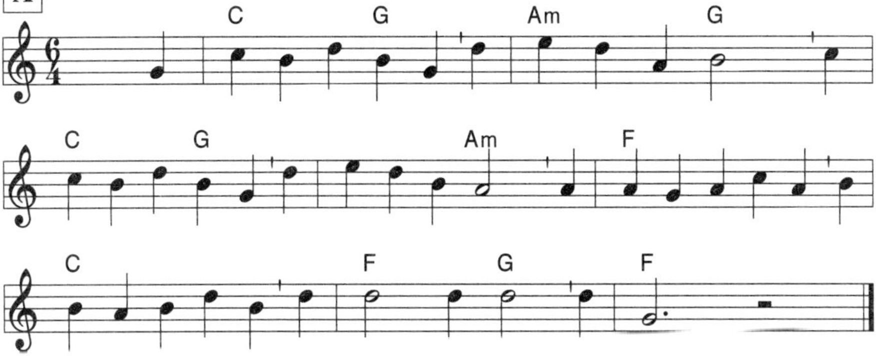

B

(Johannes geht flötend hinter das von hinten beleuchtete Tuch, spielt sein Lied zu Ende und verneigt sich vor dem Schattenbild des Königs. Der König überreicht Johannes einen Umhang und steckt ihm einen Ring an den Finger.)

Johannes: Er wird mir was schenken: Schmuck oder Kleider.

Simon: *(schüttelt den Kopf)*
Er ist auf dem Holzweg, der Kleine, leider!
Ihm geht es um Ansehn, nicht ums Schenken.
Für Lohn würde er den Hals sich verrenken.

(Johannes kommt hinter dem Tuch wieder hervor. Der Projektor wird ausgemacht.)

Simon: Für einen König ohne Krone und Schwert
würdest du auch spielen? Wär' es dir wert?

Johannes: *(protestiert)*
Nein! Beschenken soll er mich, reich machen!
Ein armer König – wär' ja zum Lachen.
Wie kann der Gold und Silber mir geben,
wenn er selber nichts hat zum Leben?
Für einen Reichen spiel ich mein Lied.
Er soll mich bewundern. Und ihr alle mit!
(Johannes übt wieder sein Lied.)

Simon: Wie mach ich es bloß dem Jungen klar:
Er wird kommen, höchst wunderbar,
bestimmt ohne Krone und Mantel prächtig,
doch herrlicher als jeder König und mächtig!

(Es wird dunkel. Ein Hirte singt das folgende Lied:)

Was soll das bedeuten?

(Aus Schlesien)

(Der Erzengel Gabriel stellt sich auf einen Tisch hinter dem Tuch und wird über dem Tuch sichtbar. Er wird von vorn angestrahlt, so dass er hell aufleuchtet. Die Hirten springen erschrocken auf und schreien ängstlich durcheinander.)

Hirten: Huch! Hilfe! Was soll das? O weia!
Macht doch das grelle Licht aus!
Wie das blendet! Überfall!
Und das mitten in der Nacht!
Rette sich wer kann! Ich habe Angst!

Lied des Erzengel Gabriel

Vorspiel *(wenn der Erzengel begleitet wird)*

(Der Erzengel Gabriel singt:)

(Strophen und Melodie Seiten 28 und 29) ▶

Strophen
1. Ihr Hir - ten, hört den sü - ßen Ton:
Gott schenkt uns heut sein' lie - ben Sohn.
Der liegt als Kind so arm im Stall.
Nach Beth - le - hem lau - fet nun all!

Nachspiel *(nach Strophe 3)*

(Das Nachspiel kann entweder nur instrumental ausgeführt oder gesungen werden.)

2. Dort findet ihr das Kind im Heu.
Maria sitzt ganz still dabei.
Ein jeder Wirt verschloss sein Haus:
»Habt ihr kein Geld, so bleibt ihr drauß!«
O weh, so kalt, o weh, so grob!
Doch Engel sing'n Gottes Lob.

3. So arm wie ihr ist dieses Kind.
Drum liegt's im Stall bei Esel und Rind.
Doch wird es einst der Heiland sein,
von Angst und Not euch all' befrein.
Drum freuet euch und singet laut:
Halleluja, Halleluja!

Chor der Engel

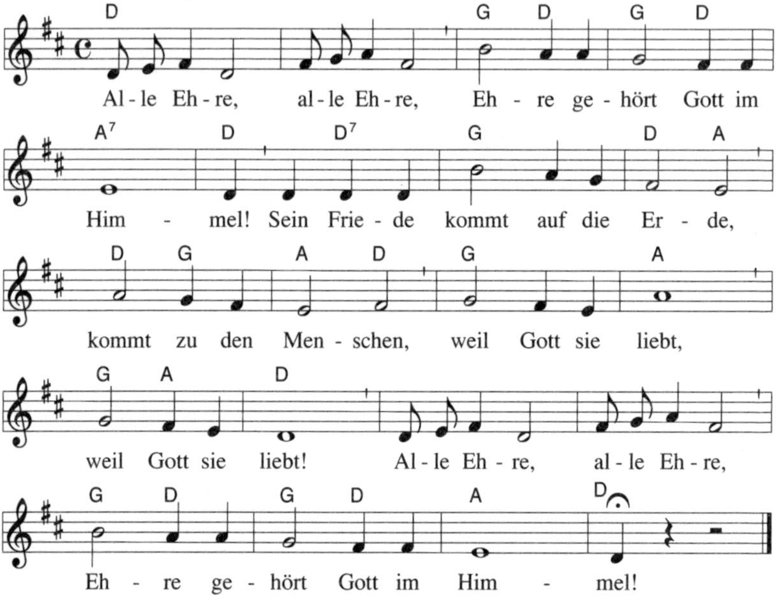

(Scheinwerfer erlischt. Erzengel Gabriel geht ab. Der große Stern leuchtet auf.)

Matthias: War es das, was du immer gemeint:
Dieser Stern, der so hell heute scheint?

Simon: Sicher! Und nun lasst uns gehen
und anschauen, was ist geschehen.

(Johannes steckt seine Flöte unters Hemd und läuft voraus zum Stall.)

Lukas: Da schaut mal, wer als Erster springt
dem Stern nach, hin zum Wickelkind!

(Die anderen Hirten laufen jetzt auch los. Johannes reißt die Stalltür auf. Er bleibt stehen und schaut hinein. Was er sieht, enttäuscht ihn.)

Johannes: In der Krippe – liegt ein Kindlein.
Das kann doch nicht der König sein,
von dem der Großvater gesprochen.
Der hätt' sich nicht im Stall verkrochen!

(Jetzt treffen auch die anderen Hirten ein. Sie sind außer Atem und knien schnaufend an der Krippe nieder. Nur Johannes kniet nicht nieder. Er staunt.)

Johannes: Sie knien alle vor dem Kind.
Ist ja irre! Sind die blind?

So sieht ein Königskind *nicht* aus! –
(trotzig) Ich spiel nicht Flöte! Ich lauf raus.

(Johannes läuft einige Schritte weg vom Stall. Das Baby weint. Johannes verlangsamt seinen Schritt und bleibt schließlich stehen.)

Johannes: Warum weint denn der Kleine?
(unsicher, zögernd)
Ich glaube fast ... ich meine,
ich sollte doch zum Stall zurück.
Vielleicht ... spiel ich ein kleines Stück
von meinem schönen Lied ihm vor ...
Ich schleiche mich zurück zum Tor.

(Das Kind weint noch immer. Johannes dreht um und geht zum Stall zurück. Er zieht seine Flöte unter dem Hemd hervor. Er beginnt sein Lied zu spielen. Zunächst die Melodie A. Das Kind hört auf zu weinen. Dann spielt Johannes auch die Melodie B.)

Johannes: Das hat ihm gefallen. Es lächelt mich an.
Am liebsten fang ich gleich noch mal an.
(Johannes spielt noch einmal seine Melodie.)

Simon: Der Heiland hat sein Herz gerührt
und ihn zum rechten Weg geführt.

Johannes: Das hätt' ich wirklich nicht gedacht.
Sein Lächeln mich so glücklich macht.
Ich möchte flöten und Freude schenken.
(Er breitet die Arme aus und dreht sich zur Gemeinde.)

Johannes: An Gold und Silber will ich nicht denken.
Der König hat mir reichlich gegeben:
Freude im Herzen, Freude fürs Leben!

(Die Hirten stellen sich hinter Johannes auf. Sie sprechen gemeinsam:)

Hirten: Wir haben die Nachricht als Erste vernommen.
Jetzt soll sie auch andern zu Ohren kommen!
Wir laufen jetzt los, erzählen es allen,
was unserm Herrgott ist eingefallen:
Er schickt herab hoch vom Himmelsthron
als Retter der Welt seinen lieben Sohn.
Er schenkt ihn den Menschen als Kindlein klein.
Drum sollen heut' alle fröhlich sein!

Alle singen: »Lobe den Herren, den mächtigen König der Ehren...«,
EG 317; GL 258 – oder »O du fröhliche ...«, EG 44

Die Nacht, in der die Tiere sprechen konnten

Renate und Karl-Hermann Schneider

Vorbemerkung

Vor allem Kindergartenkinder lieben es, wenn in einem Weihnachtsspiel Tiere vorkommen und sie z.B. ein Lämmchen spielen dürfen. Da in diesem kleinen Spiel verschiedene Tiere vorkommen, kommen die Jüngsten voll auf ihre Kosten.
Samuel, ein Hirtenjunge auf den Feldern vor der Stadt Bethlehem, hätte beinahe die ganze Heilige Nacht verschlafen, wenn es eben nicht die Heilige Nacht gewesen wäre, in der die Tiere sprechen konnten.
In drei kleinen Szenen wird erzählt, wie er doch noch zur Krippe kommt und die Botschaft von Weihnachten ihn hellwach werden lässt.

Personen:

Samuel, der Hirtenjunge
Flocki, das Lämmchen
Okki, der Ochse
Ekki, der Esel
Kari, ein Kamel
Schuhu, ein Uhu
Maria (schlafend)
Josef (schlafend)

Requisiten:

Decken für Schuhu, Okki, Ekki und Kari
ein Schaffell für Flocki
große Steine für den Felsen
ein beleuchteter Stern
(zum Beispiel ein »Herrnhuter Weihnachtsstern«)
Futterkrippe
Stroh

1. Szene

(Samuel, der Hirtenjunge, schläft eingewickelt in seine Decke; Flocki, das Lämmchen, kommt zu ihm und stupst ihn an, bis er aufwacht.)

Samuel: He, was soll das? Lass mich in Ruhe, ich will schlafen!

Flocki: Samuel, Samuel, wach auf!

Samuel: Wer ruft mich? Ich bin müde, sei still!

Flocki: *(rüttelt ihn)* Steh auf, Samuel!

Samuel: *(Er setzt sich mit einem Ruck auf und reibt sich verwundert die Augen.)* Nanu? – Träume ich? Oder kannst du wirklich sprechen? Nein, das muss ein Traum sein! *(Er legt sich wieder hin und macht die Augen zu.)*

Flocki: *(stößt ihn fester)* Samuel, wach endlich auf! Es ist etwas geschehen! Du darfst nicht weiterschlafen!

Samuel: *(Er setzt sich wieder hin und schaut Flocki erstaunt an.)*
Seit wann kannst du sprechen, Flocki? Was ist denn los?

Flocki: Dies ist eine besondere Nacht! In dieser Nacht können alle Tiere sprechen und alle Menschen verstehen uns. Denn ...

Samuel: *(unterbricht Flocki)* Was ist los in dieser Nacht?
Wo sind überhaupt die anderen Hirten?
(Er schaut sich ängstlich um.)
Bin ich ganz allein bei der Herde zurück geblieben?

Flocki: Du brauchst keine Angst zu haben, in dieser Nacht geschieht nichts Böses. Aber du hast so tief und fest geschlafen, dass die anderen dich zurück gelassen haben, als sie nach Bethlehem gegangen sind.

Samuel: Aber warum das denn? Sie können die Schafe doch nicht schutzlos in der Nacht allein lassen! Wenn nun ein Bär oder ein Löwe kommt und ein Schaf reißen will? Ich kann doch nicht mit einem wilden Tier kämpfen!
(Er schüttelt entrüstet den Kopf, steht auf und schaut sich aufmerksam um.)

Schuhu: *(Er sitzt auf einem Felsen in der Nähe und mischt sich in das Gespräch ein.)*
In dieser Nacht brauchst du keinen Angriff wilder Tiere zu befürchten, denn ...

Samuel: *(unterbricht ihn)* Nun sagt mir doch endlich, was in dieser Nacht los ist! Was unterscheidet denn diese Nacht von allen anderen Nächten? Ich kann euch Tiere verstehen, wie seltsam!

Schuhu: In dieser Nacht ist in einem Stall in Bethlehem der Messias, der Retter der Welt, geboren worden!

Flocki: *(springt aufgeregt hin und her)*
Ja, ja, so ist es! Ein kleines Baby! Es liegt in Windeln gewickelt in einer Futterkrippe, weil die Eltern keinen Platz in einem Gasthaus bekommen haben!

Samuel: *(erstaunt)* Woher wisst ihr das denn? Ward ihr dabei?

Schuhu: *(tadelnd)* Du hast aber auch alles verschlafen! Hast du nicht die laute Musik der Engel gehört?

Samuel: *(kleinlaut und verlegen)*
Nein, ich war so müde von der langen Wanderung mit den Schafen gestern, dass ich geschlafen habe wie ein Stein!

Flocki: Stell dir vor, auf einmal wurde es taghell in dieser Nacht, ein Engel erschien und erzählte den Hirten, dass der Retter geboren ist und dass Friede auf der Erde sein soll!

Schuhu: Die Hirten sollten nach Bethlehem gehen und es sich ansehen.

Flocki: Und dann war der ganze Himmel voll von Tausenden von Engeln, die sangen wunderschön von Gott und von dem Ereignis in dieser heiligen Nacht! Johannes wollte dich wecken und nach Bethlehem mitnehmen, aber ...

Samuel: ... aber ich habe alles verschlafen, wie schade!
(Er seufzt traurig.)

Schuhu: Es ist noch nicht zu spät! Los, nimm Flocki mit und geht nach Bethlehem. Ihr könnt den Stall leicht finden. Seht nur den hell leuchtenden Stern! Er zeigt euch den Weg.

Samuel: Au ja! Los, Flocki, komm mit!

(Samuel und Flocki gehen nach Bethlehem, d.h. einen kleinen Weg durch die Kirche.)

2. Szene

(Sie erreichen den Stall; es ist alles still; nur eine Laterne leuchtet schwach.)

Samuel: *(flüstert)* Flocki, glaubst du, dass dies der Stall ist?

Flocki: Ja, sieh nur, der Stern leuchtet hell auf diesen Ort!
(Kari, ein Kamel, nähert sich von der Seite.)

Kari: Nanu, wo kommt ihr beiden denn noch her? Die anderen Hirten sind längst in die Stadt gegangen, um den Leuten von Bethlehem zu erzählen, was in dieser Nacht geschehen ist!

Samuel: Wir sind zwar etwas spät, aber kannst du uns sagen, ob dies der richtige Stall ist? Ist hier ein kleines Kind zur Welt gekommen?

Kari: Natürlich ist das der richtige Stall! Geht leise hinein, denn alle schlafen jetzt!
(Kari geht weg.)

3. Szene

(Flocki und Samuel schleichen leise in den Stall und schauen sich um. Maria und Josef liegen im Stroh und schlafen, ebenso das Kind in der Krippe. Im Hintergrund stehen Okki und Ekki.)

Okki: *(stößt Ekki an)* Wer kommt denn jetzt noch? Waren nicht schon genug Leute hier?

Ekki: Hast Recht! Sie sollen die kleine Familie mal in Ruhe schlafen lassen!

Flocki: Entschuldigung, ihr beiden! Samuel, mein Freund, hat geschlafen, deswegen kommen wir jetzt erst.

Samuel: *(leise)* Wir wollen nicht stören! Könnt ihr uns erzählen, was ihr erlebt habt?

Okki: Na ja, es war so ...

Ekki: *(unterbricht aufgeregt)*
Gestern Abend kam auf einmal der Wirt vom »Goldenen Löwen« und brachte die junge Frau und ihren Mann herein.

Okki: Die Frau war schwanger und sehr erschöpft. Sie und ihr Mann ruhten sich aus.

Ekki: Und bald war es soweit: die junge Frau bekam ihr Baby, einen kleinen Jungen. Sie wickelte ihn in Windeln und legte ihn in unsere Futterkrippe!

Okki: Aber dann geschah etwas Seltsames: wir hörten die Stimme eines Engels auf den Feldern von Bethlehem, der sagte ...

Flocki: *(unterbricht)* Ja, ja! Das habe ich auch gehört!

Okki: Lass mich ausreden! Er sagte, dass dieses Kind die Welt retten wird, wenn es groß geworden ist!

Ekki: *(seufzt sehnsüchtig)* Und eines Tages werden alle Menschen und auch alle Tiere in Frieden miteinander leben!

Samuel: Was für eine Nacht!

Wir gehen und sehen in Bethlehem

Kurt Rainer Klein

Vorbemerkung

Eine Weihnachtsgeschichte mit »sprechenden« Tieren, vor allem für Kindergartenkinder. Die verschiedenen Tiere treten, wenn sie im Stück vorkommen, jeweils vor und spielen, während von einer Erzieherin erzählt wird, was sie tun. Nur wenig Text wird von den Kindern selbst gesprochen, da kleinere Kinder noch nicht viel auswendig lernen können. Trotzdem will auch das »stumme« Rollenspiel gut vorbereitet sein.
Das Spiel kommt – neben der Kleidung der Spielerinnen und Spieler – mit wenigen Requisiten aus. Für die 2. Szene wird eine Pappfassade als Haus benötigt. In der 3. Szene braucht man einen Strohballen. In der 4. Szene werden einige Decken benötigt, eventuell ist auf Pappe ein Lagerfeuer aufgemalt. Außerdem muss vorhanden sein: Ein Stern von Bethlehem und eine Krippe mit Puppe.

Personen:

Erzähler/in	Wirt	1.–5. Hirte
Maria	Hund des Wirts	(zwei bis fünf) Schafe
Josef	Stallknecht	1.–3. Weiser
Esel	Ochse	Drei Kamele

1. Szene

(Maria und Josef sind mit dem Esel auf dem Weg nach Bethlehem. Während der/die Erzähler/in liest, ziehen sie vom linken zum rechten Bühnenrand, kehren um und bleiben nach drei Schritten stehen.)

Erzähler/in: Es ist eine seltsame Zeit. Eine fremde Macht herrscht im Land. Die Menschen sind unsicher.
Nun hat der römische Kaiser Augustus einen Befehl erlassen. Alle Menschen des Landes sollen sich registrieren lassen. Dazu muss jeder in die Stadt seiner Vorfahren gehen.
So machen sich auch Maria und Josef auf den Weg. Weil Josef aus dem Hause und der Abstammung Davids ist, zieht er mit Maria aus Nazaret nach Bethlehem, in die Stadt Davids.
Maria, Josefs Frau, ist schwanger und steht kurz vor der Geburt ihres ersten Kindes.
So ist die weite Reise beschwerlich für Maria. Ein gutmütiger Esel trägt Maria mit dem Kind.

Josef: Bald sind wir in Bethlehem

Maria: Es wird Zeit, ich bin müde.

Esel: In Bethlehem ist Davids Stadt.

Erzähler/in: Der Esel denkt: Ich habe schon viel erlebt und »ertragen« in meinem Eselleben. Und ich weiß einiges, z.B.: Hat nicht der Prophet Micha schon von der kleinen Stadt Bethlehem gesprochen? Sie ist die Stadt der Familie Davids, des großen Königs?
»Aus dieser Familie«, hat Micha verheißen, »soll einer kommen, der Frieden und Gerechtigkeit bringen wird.«
Ja, das brauchen wir: Frieden! Geschwister sollen sich miteinander vertragen und kein Krieg soll mehr Menschen töten.
Und Gerechtigkeit brauchen wir: Niemand soll mehr ungerecht von seinen Eltern behandelt werden und jeder soll geliebt sein.

(Maria, Josef und der Esel gehen drei Schritte weiter.)

Josef: Da ist eine Herberge.

Maria: Frage den Wirt nach einer Unterkunft für uns.

2. Szene: Der Wirt mit seinem Hund

(Ein Papphaus wird hereingetragen. Von der Seite tritt ein Wirt vor dieses Haus. An seiner Seite ein Hund. Maria, Josef und der Esel kommen dazu und stehen seitlich zum Wirt.)

Maria: Guten Tag!

Wirt. Seid gegrüßt!

Josef: Wir suchen eine Bleibe.

Erzähler/in: Maria und Josef suchen eine Unterkunft in Bethlehem. In diesen Tagen ist viel los in der kleinen Stadt. Die Volkszählung hat die Menschen hierher gebracht. Darum gibt es nur wenige Zimmer. Und die schlauen Wirte sehen sich die Menschen ganz genau an. Wer gut gekleidet ist, hat auch gute Chancen. Natürlich wollen die Wirte etwas verdienen. Darum vermieten sie lieber an reiche Leute als an arme.
Maria und Josef sind einfache Leute. Sie fragen den Wirt nach einem Zimmer für die Tage in Bethlehem. Doch der Wirt rümpft die Nase. Er ahnt, dass er an den Beiden kein Geld verdienen kann.

(Der Hund bellt mehrmals laut.)

Wirt: Tut mir leid. Alle Zimmer sind belegt. Fragt am Ende der Stadt, da ist ein Stall.

Erzähler/in: Der Hund sagt:

Hund: Ich wünsche Euch viel Erfolg!

(Maria, Josef und der Esel ziehen traurig an den Bühnenrand weiter. Wirt und Hund bleiben noch einen Augenblick stehen.)

Erzähler/in: Der Hund denkt: Ich bin ja nur der Hund meines Herrn. Aber ich mache mir so meine Gedanken.
In diesen Tagen kommen viele Menschen zu uns nach Bethlehem. Unsere Stadt ist übervoll. Wie sollen wir alle beherbergen? Mein Herr ist wählerisch. Er sucht sich die Menschen aus, die er auch will. Die beiden eben hat er weggeschickt. Obwohl er noch Zimmer frei hat. Hat er denn nicht gesehen, dass die Frau schwanger ist und ein Baby erwartet? Warum hat er nicht ein Herz für die Beiden gezeigt? Was für eine Zeit.

(Wirt und Hund treten ab. Das Papphaus wird weggetragen.)

Erzähler/in: Maria und Josef sind erschöpft und enttäuscht. Sie suchen eine Unterkunft und haben keine gefunden. Da bleibt nur der Rat des Wirtes. Sie gehen zum Rande der Stadt. In der Hoffnung, dass sie wenigstens im Stall eine Bleibe finden für sich und ihr Kind.

3. Szene: Der Stallknecht und der Ochse

(Auf einem Strohballen in der Bühnenmitte sitzt ein Stallknecht. Neben ihm liegt ein zweiter Strohballen. Daneben steht ein Ochse. Maria, Josef und der Esel kommen heran.)

Maria: Guten Tag!

Stallknecht: Seid willkommen bei mir!

Josef: Wir suchen eine Bleibe.

Stallknecht: Ihr könnt hier bleiben!

(Der Ochse muht vor Freude. Maria und Josef setzen sich auf einen zweiten Strohballen neben dem Stallknecht. Ochs und Esel stehen nebeneinander.)

Erzähler/in: Maria und Josef sind überglücklich. Nun haben sie doch noch eine Bleibe gefunden. Ein einfacher Stall zwar nur, aber sie haben ein Dach über dem Kopf. Und die Tiere spenden ihnen Wärme. Das Stroh gibt ihnen eine sanfte Unterlage. Und der Stallknecht bietet ihnen etwas zu essen an.

Erzähler/in: Der Ochse denkt: Ich bin zwar nur ein Ochse. Aber ich verstehe manches besser als die Menschen. Diese armen beiden Menschen. Da haben sie keine Unterkunft gefunden, weil sie arm sind. Wo ist denn da die Gerechtigkeit? Hat niemand Mitleid mit dieser Frau, die ein Kind erwartet?
Jetzt wird sie hier in diesem Stall zu Bethlehem ihr Kind zur Welt bringen.
Aber eines muss man den Beiden lassen: Sie sind zufrieden und scheinen glücklich zu sein. Da freue ich mich gerne mit.

4. Szene: Die Hirten mit ihren Schafen

(Fünf Hirten sitzen auf dem Boden auf einer Decke um ein Lagerfeuer. Zwei bis fünf Schafe liegen daneben.)

Erzähler/in: Die Nacht ist ungewöhnlich hell. Am Lagerfeuer sitzen die Hirten und erzählen sich Geschichten aus alten Zeiten. Einige sind müde und haben sich schon schlafen gelegt.
Andere können nicht einschlafen. Sie ahnen das Besondere dieser Nacht. Und sie sind noch abenteuerlustig.

1\. Hirte: Komm, wir gehen noch einmal in die Stadt Bethlehem.

2\. Hirte: Wir gehen mit.

3\. Hirte: Ich glaube, da ist was los.

4\. Hirte: Wir lassen uns überraschen.

5\. Hirte: Auf, gehen wir!
(Die fünf Hirten stehen auf und gehen zur Bühnenseite weg. Die Schafe bleiben noch. Eines der Schafe ruft laut: »Mäh« und geht den Hirten hinterher.)

Erzähler/in: Das Schaf denkt: Mein Schafsgespür sagt mir, dass unsere Hirten in Bethlehem etwas Außergewöhnliches erleben werden. Nicht umsonst ist diese Nacht so hell. Und ich glaube, Stimmen gehört zu haben. Himmlische Stimmen, Engelsstimmen. Sie haben unseren Hirten ins Ohr geflüstert, in die Stadt zu gehen, um zu sehen und zu staunen.
Es geht den Hirten hinterher.

Erzähler/in: So gehen die Hirten also nach Bethlehem und finden den Stall, in dem Maria ihr Kind zur Welt gebracht hat. Und die

Hirten staunen kräftig. Es kommt ihnen vor, als sei dieses Kind nicht von dieser Welt. Und irgendetwas macht sie fröhlich und lässt sie unerhofftes Glück verspüren.
(Hirten und Schafe treten ab.)

5. Szene: Die Weisen mit ihren Kamelen

(Drei Weise mit ihren drei Kamelen begeben sich hinten zur Bühnenmitte.)

Erzähler/in: Aus dem Morgenland sind drei Sterndeuter aufgebrochen. Sie haben sich nach Jerusalem begeben. Dort im Palast sprechen sie mit dem König Herodes. Sie erzählen ihm von dem neugeborenen König, den sie suchen. Aber im Palast in Jerusalem sind die Schriftgelehrten und Hohenpriester ratlos. Niemand weiß etwas von einem neugeborenen Kind.
Dann schickt sie Herodes nach Bethlehem. Und sie machen sich neugierig und suchend auf den Weg.
(Die drei Weisen ziehen im großen Kreise mit ihren Kamelen weiter und bleiben dann stehen.)

1\. Weiser: Der Stern zieht mit uns.

2\. Weiser: Wir sind auf dem richtigen Weg.

3\. Weiser: In Bethlehem ist das Kind geboren.
(Die Kamele wiehern.)

Erzähler/in: Ein Kamel denkt: Ich sehe zwar wie ein Kamel aus. Aber ehrlich gesagt: Ich bin kein Kamel. Ihr wisst schon, was ich meine. Glaubt mir, das ist eine spannende Geschichte. Der Holzkopf Herodes hat nichts verstanden. Er hat nur an seine Macht gedacht. Ihr hättet sehen sollen, wie der die Hosen vor lauter Angst voll gehabt hat. Der war doch froh, als wir weg waren. Jetzt sind wir auf dem richtigen Weg. Ich spüre das. Der Stern geht mit. Bethlehem ist nahe. Wir werden den neugeborenen König finden.
(Die Weisen treten mit den Kamelen ab.)

6. Szene: Alle im Stall zu Bethlehem

(Maria und Josef sitzen auf einem Strohballen. Vor ihnen liegt das Kind in der Krippe.)

Erzähler/in: Maria hat ihr Kind in diesem Stall zu Bethlehem zur Welt gebracht. Nun kommen alle und wollen das Kind in der Krippe sehen.

(Zunächst kommen die Hirten und treten in den Stall. Ein Schaf legen sie vor die Krippe.)

Erzähler/in: Da kommen die Hirten draußen vom Felde, denen der Engel die frohe Botschaft verkündet hat. Sie bringen ein Schaf und staunen über das Kind in der Krippe.

(Dann kommen die Weisen mit ihren Kamelen und bringen Geschenke.)

Erzähler/in: Den Weisen hat der Stern den Weg gezeigt. Sie bringen Geschenke und verneigen sich vor dem Kind in der Krippe.

(Da kommt auch der Wirt mit seinem Hund.)

Erzähler/in: Auch der Wirt findet den Weg in den Stall. Obwohl er viel zu tun hat, nimmt er sich Zeit und freut sich über das Kind in der Krippe.

(Die Hirten, die Weisen, der Wirt treten neben Maria und Josef. Die Tiere treten vor und singen zunächst zweimal alleine, dann zweimal mit der Gemeinde das Lied: »Wir gehen und sehen in Bethlehem«)

Wir gehen und sehen in Bethlehem

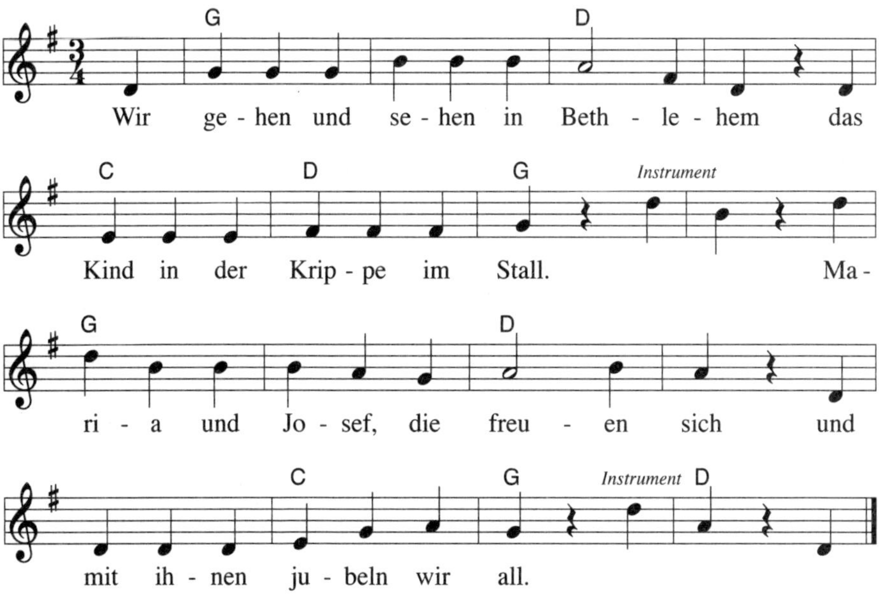

Text und Musik: Kurt Rainer Klein. Rechte beim Autor.

Inmitten dunkler Nacht

Kurt Rainer Klein

Vorbemerkung

Ein kleines Hirtensingspiel für (Kinder)chor und Kindergartenkinder. Die Kindergartenkinder übernehmen dabei in entsprechender Verkleidung die Rolle der Hirten.
Einige erscheinen als Engel gekleidet. Maria und Josef und eventuell zwei Stallknechte werden erst in der letzten Szene gebraucht.
Kurze erklärende Texte spricht der/die Erzähler/in. Die Kinder versuchen die Szenen pantomimisch darzustellen. Einige Kinder sollen sich rollenmäßig hervorheben.
Ein Chor, am besten ein Kinderchor, übernimmt den Gesang. Bei der letzten Strophe des jeweiligen Liedes kann man die Gemeinde mitsingen lassen.

Personen: Erzähler/in
Hirten in beliebiger Zahl
Engelschar
Maria
Josef

1. Szene

(Hirten lagern auf einem Feld bei Bethlehem mit ihren Schafen in der Nacht.)

Erzähler/in: Auf einem Felde bei Bethlehem lagern Hirten mit ihren Schafen bei Nacht. Mit ihren Hunden beschützen sie die Schafe vor wilden Tieren. Einige Hirten schlafen schon, weil sie müde sind von der Arbeit des Tages. Andere reden, spielen Karten oder singen ein Lied vor sich hin. Am Lagerfeuer wärmen die Hirten sich. Und immer haben sie ein Ohr für das, was um sie herum passiert. Sie hören das Gejaule des Wolfes ebenso wie das Zirpen der Grillen im Gras. Nichts entgeht ihnen nachts. Es scheint eine Nacht zu sein, wie jede andere auch.

(Hirten sitzen in Grüppchen zusammen. Ein Lagerfeuer brennt. Einer hat eine Flöte und pfeift ein paar Töne. Sie tuscheln miteinander, einige spielen Karten, andere würfeln. Ein Teil der Hirten schläft.)

Wir Hirten *(Kinderchor)*

2. Den ganzen Tag über ziehen wir umher
und unsre Schafe fressen die Wiesen leer.
Am Abend dann suchen wir auszuruhn
und denken an was wir tagsüber tun.

3. Wir bleiben bescheidene Menschen hier
und denken an alles Gute ohne Gier.
Wir träumen und hoffen und glauben an Gott
und lieben das Leben an jedem Ort.

Text und Musik: Kurt Rainer Klein

2. Szene

(Eine Engelschar erscheint den Hirten bei Nacht.)

Erzähler/in: Inmitten der Nacht kommt den Hirten auf einmal der Himmel so anders vor. Irgendwie scheint es heller zu werden. Und den Hirten, die noch nicht schlafen, begegnen Engel in leuchtend weißen Kleidern. »Fürchtet euch nicht! Ich will euch eine große Freude erzählen, die allen Menschen zugute kommt!« Und die Hirten erschrecken. Sie sind ganz verstört. Was ist das, was sie da hören und sehen?! – »Euch ist heute der Retter geboren! Christus, der Herr in der Stadt Davids!« – Haben sie richtig gehört? Sind ihre Sinne noch klar? – »Das habt zum Zeichen: Ihr werdet finden das Kind in Windeln gewickelt und in einer Krippe liegen.«

(Engel treten auf die Bühne und umkreisen tanzend die Hirten. Zwei oder drei weitere stehen auf einer Leiter. Die Hirten zeigen ihre Überraschung. Schauen sich zweifelnd um. Ein Spotlight kann zusätzliche Helligkeit erzeugen.)

Inmitten dunkler Nacht *(Kinderchor)*

2. Auf einer Leiter lang,
hörten Hirten den Gesang
von Engeln ganz in leuchtend weiß,
und Stimmen, wenn auch leis.

3. Hell erstrahlte das Licht,
es hieß: »Fürchtet euch nicht!
Euch ist der Heiland heut geborn.
zum Retter auserkorn.«

4. Die Hirten warn verstört.
Was hatten sie gehört?
Von großer Freud für alle Welt
und einem Kind als Held.

5. In Windeln eingelegt,
ein kleines Kind sich regt
in einem Stall zu Bethlehem –
so macht euch auf zum Gehn.

3. Szene

(Die Hirten machen sich auf den Weg nach Bethlehem.)

Erzähler/in: Die Hirten erheben sich und glauben zu träumen. Ihnen ist ganz sonderbar. Sie sollen sich auf den Weg begeben und nach Bethlehem ziehen? Dort werden sie den finden, den Gott in diese Welt gesandt hat, die Menschen aus ihren Ängsten zu erlösen. Ein Kind in einer Krippe auf Heu und auf Stroh soll es liegen. Jetzt, wo die Engel sich wieder in den Himmel zurückgezogen haben, machen sich die Hirten auf den Weg nach Bethlehem.
Nicht nur weil sie neugierig sind, sondern auch weil sie dem glauben, was sie gehört und gesehen haben.

(Die Engel verschwinden. Die Hirten stehen auf. Strecken sich, drehen und wenden sich, schauen nach oben, schauen in die Ferne, heben und senken ihre Arme. Sie schauen sich verdutzt an. Dann gehen sie los. Ein Teil der Hirten bleibt schlafend zurück.)

Der Weg *(Kinderchor)*

2. Die Nacht, wie war sie doch so licht.
Den Hirten sah man Fragen im Gesicht.
Kein Wort sie brachten aus dem Mund,
sie suchten nun die große Kund.

▷ ▷ ▷

3. Das Ziel war ihnen klar benannt.
Sie hatten doch gehört und gleich erkannt:
In einem Stall und ganz auf Stroh.
Wenn alles stimmt, würden sie froh.

4. Der Ort, auf den sie eilten zu,
war kein Palast, da weilten Ochs und Kuh.
Im Grunde war es ihr Zuhaus,
wo Gott geht in die Welt hinaus.

4. Szene

(Die Hirten kommen in den Stall von Bethlehem.)

Erzähler/in: Die Hirten kommen und finden den Stall am Rande von Bethlehem. Vorsichtig tasten sie sich voran und sehen den Stall hell erleuchtet. Sie treten ein und sehen Maria und Josef und das Kind in der Krippe liegen. Ihre Augen funkeln und staunen. Es stimmt also, was ihnen die Engel erzählt haben. Gott hat seinen Sohn in die Welt gesandt. Ein Kind, von einer Frau geboren an einem unscheinbaren Ort zu einer sonderbaren Zeit. Maria und Josef sind überglücklich. Die Hirten zeigen ihren Respekt und knien vor der Krippe, in der das Kind liegt, nieder und verbeugen sich. Jedem werden sie sagen wollen, was in dieser Nacht geschehen ist.

(Maria und Josef mit dem Kind in der Krippe sitzen da. Die Hirten kommen heran und treten ein. Sie staunen, reißen ihre Augen auf, lächeln. Knien nieder, verbeugen sich. Die Engel können sich in einem größeren Kreis dazu begeben.)

Die Hirten *(Kinderchor)*

2. In einer Krippe lag das Kind auf Stroh
und seine Eltern schauten hell und froh.
Maria, Josef hatten allen Grund,
das kleine Kindlein war gesund.

3. Anbetend knieten nun die Hirten nieder
und sangen laut und deutlich Friedenslieder.
Jesus, das Kind auf Stroh, lachte sie an.
bald wird aus ihm ein großer Mann.

Es wird hell in Bethlehem

Monika und Gerhard Reich

Vorbemerkung

Das Stück bietet das Weihnachtsgeschehen aus einer ungewohnten Perspektive an. Im Mittelpunkt steht der Dialog zwischen einem Wirt in Bethlehem und seinem Enkel Jonatan. Der Wirt, der Maria und Josef damals nicht aufgenommen hat, ist Weihnachten näher, als er selbst glaubt.

Es empfiehlt sich, eine schwenkbare Beleuchtung einzusetzen. Hinweise dazu sind im Text angegeben.

In der Mitte der Spielfläche sieht man ein Wirtshausschild: »Zum Löwen von Juda«, ein Tisch und zwei Stühle. Links, auf der Seite, befindet sich eine angedeutete Kochstelle (Tisch, zwei große Töpfe, Kochlöffel). Rechts bleibt der Raum zunächst frei. Dieser Platz ist für Maria und Josef bei der Herbergssuche und später für die Hirten bestimmt.

Personen:

Bettler
Hirte *(kann mit einem der späteren Hirten identisch sein)*
Wirt des »Löwen von Juda«
Wirtin
Rebekka, ihre Magd
Jonatan, der Enkel
1. Hirte
2. Hirte
3. Hirte
Maria und Josef
(singen »Wer klopfet an ...«)

1. Szene

(Unter dem Wirtshausschild »Zum Löwen von Juda«)

Bettler: *(Er kommt durch den Mittelgang, Almosenschale in der Hand; die Beleuchtung begleitet ihn.)*
Um Gottes Willen, helft mir armen Mann! Gebt ein Almosen, damit ich nicht vor Hunger sterbe!

Hirte: *(im Vorübergehen)* Du dauerst mich, armer Mann! Doch ich selbst besitze nicht viel mehr als du. Ich habe nichts bei mir, das ich dir geben könnte, um deinen Hunger zu stillen und dich vor der Kälte zu schützen. Aber geh nach Bethlehem. Frage dort nach der Herberge »Zum Löwen von Juda«. Der Wirt hat ein Herz für arme Menschen. Er wird auch dir die Tür nicht weisen.

Bettler: Gott sei mit dir; er möge dir deinen Rat danken. *(Geht weiter, klopft am »Löwen«.)*

Wirt: Seid willkommen! *(Lässt ihn eintreten.)*

Bettler: *(macht Verbeugung)* Seid gegrüßt und habt Dank für den freundlichen Empfang. Hättet Ihr ein Stück Brot und einen Schluck Wasser für mich und in euerm Stall ein Bündel Stroh in einer Ecke, wo ich die Nacht verbringen könnte? Geld kann ich euch nicht dafür geben, aber Gott wird es euch lohnen.

Wirt: *(Bittet ihn an einen Tisch und richtet Brot und Wein her.)*
Kommt, setzt euch und seid mein Gast! Nehmt Brot und trinkt zur Begrüßung einen Schluck dieses feurigen Galiläers! Der wird euch aufwärmen!
Ihr seht ja ganz verhungert und halb erfroren aus!
(Ruft in die Küche)
Rebekka! Bringt eine heiße Suppe für diesen armen Menschen her! Spart aber nicht am Fleisch!

2. Szene

(Beleuchtung schwenkt zur Kochstelle auf der anderen Seite; Wirtin und Rebekka am Küchentisch.)

Wirtin: *(Steht auf und macht sich an der Kochstelle zu schaffen.)*
Fleisch will er dem Bettler geben! Als ob wir auf Fleischbergen leben würden! Für uns selbst reicht es gerade noch zu einer Brennsuppe! Und spare ich für ihn und mich einmal ein Stückchen Fleisch ab, verschenkt er's an irgendeinen dahergelaufenen Bettelmann!

Rebekka: *(arbeitet am Küchentisch weiter)*
Aber, Frau Wirtin, wie kommt es, dass Ihr so arm seid? Früher, so erzählen die Eltern, seid Ihr das erste Haus am Platz gewesen. Selbst von Jerusalem und anderen Orten seien an hohen Festtagen die vornehmen Leute auf ihren Kamelen herbei geritten, um sich in Bethlehem, im »Löwen von Juda« Magen und Kehle verwöhnen zu lassen.

Wirtin: *(dreht sich zu ihr um; spricht erregt)*
Und? Siehst du diese Leute noch? Kein Wunder, dass sie weg bleiben! Schau dir doch die Gäste an, die der Herr herein bittet! Nichts als Bettler, Hirten und Zöllner! Der Abschaum des Abschaums!

Kameltreiber sind noch die vornehmsten! Sie beschmutzen mit ihren dreckigen, verlausten Kleidern unsere ehemals wertvollen Möbel, die aus Zedern vom Libanon gearbeitet sind! – Und was verzehren sie? Das, was der Wirt ihnen schenkt! Denn bezahlen können sie nicht! Nicht einen Schekel besitzen sie! Und sag' selbst: Kann man es Herrschaften aus der Stadt zumuten, mit diesen Menschen an einem Tisch zu sitzen? Ihre kostbaren Kleider dem Schafs- und Kameldreck auszusetzen? Von Tellern zu essen, die von diesen Rüpeln berührt wurden?

Rebekka: *(entrüstet)* Das kann von ihnen wirklich nicht verlangt werden, Herrin! Dese Leute nur ansehen zu müssen, müsste ihnen den Appetit verschlagen.

Wirtin: *(traurig)* Du begreifst es, Rebekka! Weil der Herr alles verschenkt, statt es zu verkaufen, ist es so weit gekommen, dass aus unserem hoch angesehenen Speisegasthaus ein Armenhaus geworden ist, um das jeder anständige Mensch einen weiten Bogen macht! Nicht einmal der Rabbi, der früher täglich seinen Dämmerschoppen bei uns nahm, kommt mehr! Er vertrage keinen Wein mehr, die Leber zwicke, sagt er! Dabei sehe ich ihn immer durch die Hintertür ins »Kamel von Galiläa« hineinwitschen! Es ist ein hartes Los!

Rebekka: *(empört)* Recht habt Ihr, Herrin! Euer Schicksal beweist es: Gute Taten bedeuten den Ruin!

Wirtin: *(winkt ab)* Unsere Armut ist noch nicht alles. Die Leute meiden uns. Und sieh, auch unser Enkel Jonatan muss immer allein spielen, weil er keine Freunde hat, niemand will etwas mit ihm zu tun haben.
(Sie füllt eine Schüssel, Rebekka stellt sie vor den Bettler hin; beide Frauen treten ab.)

Jonatan: *(Der Enkel, der während der Unterhaltung zwischen Wirtsstube und Kochstelle gespielt hat, winkt den Großvater herbei.)*
Großvater, weshalb erregt sich denn Großmutter immer so, wenn du armen Menschen hilfst?

Wirt: Oh, Jonatan, du hörst ja! Sie denkt immer noch an die Zeiten, da wir noch ein vornehmes, angesehenes Gasthaus waren. Damals war ich noch nicht so, wie ich heute bin. Aber all das hat sich in einer Nacht, einer denkwürdigen Nacht, geändert!

Jonatan: *(interessiert)* Erzähle, Großvater, erzähle!

Wirt: *(geht umher und erzählt; der Enkel folgt ihm)*
Es war zu der Zeit, als Kaiser Augustus angeordnet hatte, dass das Volk in seinem Reich geschätzt werde. Ein jeder hatte sich zum Zwecke der Zählung an seinen Geburtsort zu begeben. Wir in Bethlehem hofften auf ein großes Geschäft, hatten sich doch alle Nachkommen Davids, unseres großen Königs, hier einzufinden.

Jonatan: *(stellt sich vor ihn hin)* Und? Kamen die Leute?

Wirt: *(hält inne)* Ja, o ja! Alle Herbergen und Häuser in Bethlehem waren überfüllt. Es war das Geschäft unseres Lebens.

Jonatan: *(neugierig)* Ja, aber was dann? Erzähl doch!

Wirt: *(geht langsam weiter)*
Nun, am späten Abend kam noch ein Paar. Arme Leute! Ein gewisser Josef aus Nazaret mit seiner Frau Maria, die war schwanger.
(Wirt und Jonatan setzen sich, Beleuchtung schwenkt.)

● Maria und Josef singen »Herbergssuche«.

(Die Herbergssuche »Wer klopfet an«, in: »Es ist ein Ros entsprungen«, dtv-Bärenreiter-Verlag, Nr. 1714, Seite 128, Strophen 1,2 und 4)

(Beleuchtung schwenkt zurück.)

Jonatan: *(fährt fort)* Du hast ihnen doch sicher einen Platz im Stall gegeben, Großvater?

Wirt: *(beschämt)* Nein, eben nicht! Ich war zu dieser Zeit noch hartherzig. Wer nicht bezahlen konnte, fand bei mir keine Krume Brot. Ich schäme mich dessen noch heute. Und so jagte ich die armen Leute weg, gab ihnen nicht einmal einen Kanten Brot und einen Schluck Wasser. Bei mir gab's nur was gegen blanke Schekel!

Jonatan: *(bestimmt)* Aber die Frau erwartete doch ein Kind! Sie mussten doch Unterkunft finden!

Wirt: Mein Nachbar, der Kamel-Wirt, schickte sie in den halb verfallenen Stall draußen auf dem Feld.

Jonatan: Hast du gehört, wie es ihnen ergangen ist?

Wirt: O ja! Noch in der selben Nacht kamen die Hirten ins Dorf und berichteten:
(Beleuchtung schwenkt zur anderen Kirchenseite hin, die Hirten eilen herein.)

1. Hirte: *(vermeldend ins Publikum)*
Höret, höret! Kommt alle heraus!

2. Hirte: Uns allen und Israel ist in der Nacht Wunderbares widerfahren!

3. Hirte: Gott, der Herr, hat ein Zeichen gesetzt!
(Enkel tritt zu den Hirten.)

1. Hirte: Wir hielten, wie immer, Nachtwache bei unseren Herden ...

2. Hirte: *(noch ganz gepackt von dem Ereignis)*
... plötzlich wurden wir geblendet, von einen überirdischen Glanze ...

3. Hirte: *(fährt fort)* ... der Engel des Herrn trat zu uns und der Lichtglanz des Herrn umleuchtete uns und wir fürchteten uns sehr. Und der Engel sprach zu uns:

1. Hirte: *(mit sichtlicher Freude)* Fürchtet euch nicht! Denn siehe, ich verkündige euch große Freude, die allem Volk widerfahren wird; denn euch ist heute der Heiland geboren, welcher der Christus ist, der Herr, in der Stadt Davids. Und das sei euch das Zeichen: Ihr werdet ein Kind finden, in Windeln gewickelt und in einer Krippe liegend.

2. Hirte: Und auf einmal war bei dem Engel die Menge des himmlischen Heeres, die lobten Gott und sprachen:

3. Hirte: *(langsam und betont)* Ehre sei Gott in den Höhen und Friede auf Erden unter den Menschen, an denen Gott Wohlgefallen hat.

1. Hirte: Die Engel fuhren gen Himmel, und wir sprachen zueinander:

2. Hirte: Lasset uns doch nach Bethlehem hingehen und das Wunder sehen, das geschehen ist und das der Herr uns kundgetan hat.

3. Hirte: Und wir gingen eilends und fanden Maria und Josef und das Kind in der Krippe liegend.

2.Hirte: Und nun kommen wir direkt von dort und wollen auch euch kundmachen, dass Gott, der Herr, uns den Messias geschickt hat.

3. Hirte: Gehet auch ihr immer dem Stern nach, und ihr werdet den Erlöser in seiner Krippe finden.

(Hirten ab. Beleuchtung wieder auf Wirt und Enkel.)

Jonatan: *(eilt zum Wirt zurück)* Großvater, hast du auch den Erlöser in seiner Krippe aufgesucht?

Wirt: Nein!

Jonatan: Warum nicht?

Wirt: *(steht auf; ausweichend)* Es war viel zu tun in Küche und Keller. Die verwöhnten Gäste wollten bedient sein.

Jonatan: *(insistiert)* Und weshalb bist du nicht gegangen, nachdem die Gäste weg waren?

Wirt: Ich wollte. – Aber gerade, als ich aus dem Haus ging, zogen drei Könige durch Bethlehems Stall. In so hochgeborener Gesellschaft wollte ich nicht zu dem göttlichen Kinde; ich hätte mich fehl am Platz gefühlt.

Jonatan: *(wieder aufmerksam)* Woher kamen die Könige? Woher wussten sie von dem Kinde?

Wirt: Sie kamen aus dem Morgenlande, wo sie den Stern gesehen hatten, und sie kannten die Schrift, in der geschrieben steht: »Und du, Bethlehem, im Lande Judas, bist keineswegs die kleinste unter den Fürstenstädten denn aus dir wird ein Herrscher hervorgehen, der mein Volk Israel weiden wird.«

Jonatan: *(beharrt weiter)* Aber als sie weg waren, hättest du doch gehen können.

Wirt: *(enttäuscht)* Ich ging auch. Aber die drei, Maria, Josef und Jesus, der neugeborene Knabe, waren weg. Geflohen nach Ägypten, wie ich erfuhr. Dazu muss ihnen ein Engel geraten haben, denn schon am nächsten Tag erschienen die Soldaten des Königs Herodes und töteten auf dessen Geheiß alle Knaben, die zweijährig und jünger waren. Er befürchtete, dass das Kind seiner Herrschaft gefährlich werden könnte.

Jonatan: So hast du also den Erlöser nicht gesehen?

Wirt: *(sich anklagend)* Nein! Und dessen schäme ich mich ebenso wie über mein Verhalten gegenüber seinen armen Eltern.

Jonatan: Hast du von diesem Kind nochmals etwas gehört?

Wirt: O ja! Dieses Kind, Jesus von Nazareth, ist inzwischen ein Mann und zieht durch Judäa und Galiläa. Mit ihm ziehen seine Anhänger, die Jünger. Er verkündet Gottes Wort in den Synagogen und auf den Feldern, er heilt Besessene und Kranke, ja, er erweckte sogar Tote wieder zum Leben. In der Stadt Bethsaida hat er gar 5000 Männer mit fünf Broten und zwei Fischen gespeist!

Bettler: *(hat die ganze Zeit zugehört; tritt dazwischen)*
So handelst du, seit du seinen Eltern das Quartier verweigert hast, in seinem Geiste, denn sagt er nicht: »Was du dem geringsten meiner Brüder getan hast, das hast du mir getan.«

Wirt: Ja, seit dieser Nacht versuche ich, alle Menschen, die in Not sind, so zu behandeln, wie ich es mit den Eltern des Messias – denn ich bin sicher, er ist es – hätte tun sollen. Und ich hoffe, dass ich ihn gleich erkennen werde, sollte er hier vorbeikommen.
(Pause; dann traurig)
Könnte ich ihn nur einmal sehen, ihn in meinem Hause bewirten!

Bettler: *(legt ihm die Hand auf die Schulter)*
Das Kind in der Krippe hat dein Leben verändert! Es ist nicht mehr wichtig, ob du Jesus von Nazaret noch begegnest. Er lebt in deinem Herzen, weil du so lebst, wie er es verlangt. Leb wohl, Wirt, der Herr sei mit dir und deinem Hause.

(Tritt ab; Beleuchtung schwenkt weg.)

II. Wie schön leuchtet der Morgenstern

Unterwegs zum Stern von Bethlehem

Gaby Deibert-Dam

Vorbemerkung

Ein klassisch aufgebautes Stück, das an der Weihnachtsgeschichte des Evangelisten Matthäus entlang erzählt. Sterndeuter entdecken den neuen Stern. Sie sehen darin einen Hinweis auf einen neugeborenen König und machen sich auf den Weg ins Land Juda. Einen neugeborenen König suchen sie zunächst im Palast des Herodes, doch dort ist er nicht. Der Stern und die jüdischen Schriftgelehrten weisen sie nach Bethlehem. Dort verbindet sich in diesem Stück die Geburtsgeschichte des Matthäus mit der des Lukas. Die Sterndeuter begegnen den Hirten gerade in dem Moment, als die Engel ihnen die Geburt des Kindes in einem Stall bei Bethlehem ankündigen.
Alle treffen sich an der Krippe und sie erfahren, dass dieses Kind ganz unterschiedlichen Menschen eine neue Beziehung miteinander schenkt und Friede in die Herzen einkehrt.
Ein Spiel mit vielen Personen, das sicher nicht in allen Gemeinden in ganzer Länge gespielt werden kann. Eine Auswahl der Szenen und sonstige Kürzungen sind darum gegebenenfalls zu empfehlen. Es kann die 1., 3. und 7. Szene entfallen, ohne dass das Stück dann unverständlich wäre.

Personen:

Kaspar (Sterndeuter)
Said (Kaspars Sohn)
Melchior und Balthasar (Sterndeuter)
König Herodes
Hauptmann
Türsteher/Diener
1. Schriftgelehrter
2. Schriftgelehrter
Rahel (Akrobatenkind)
Samuel und Josua (Hirten)
1. – 3. Engel
Wirt und Wirtin
Wirtstochter
Josef
Maria
Soldaten
Akrobaten
Haremsdamen

1. Szene: Bei den Sterndeutern

(Said steht vor der Sakristeitür und hält mit einem großen Fernrohr Ausschau. Kaspar, Melchior und Balthasar sind zunächst noch in der Sakristei.)

Said: *(ganz aufgeregt)* Vater, Melchior, Balthasar, kommt! Ich sehe ihn ganz deutlich. Ein riesiger Stern!

Kaspar: *(Er nimmt Said das Fernrohr aus der Hand.)* Der Junge hat recht! Ein Riesenstern! *(Gibt das Fernrohr weiter.)*

Balthasar: Der ist mir noch nie aufgefallen. *(Gibt Fernrohr weiter.)*

Melchior: Das hat etwas zu bedeuten, da bin ich mir ganz sicher!

Kaspar: Said, hol doch bitte mal die Sternkarte! Und die Pergamentrolle mit den Weissagungen! *(Said verschwindet in die Sakristei.)* Phantastisch, wie hell er strahlt.

Balthasar: Er steht im Süden, vielleicht über der großen Wüste.

(Said kommt mit den Schriftrollen zurück. Die Männer beugen sich darüber und zeigen mit den Fingern darauf. Sie murmeln untereinander und zeigen immer wieder auf den Stern.)

Kaspar: Die Sternkarte und die alten Weissagungen lassen keinen Zweifel: Ein neuer König ist geboren. Nicht in Ägypten, in Juda! Dort zeigt der Stern hin!

Melchior: Im kleinen Juda! Wer hätte das gedacht?

Balthasar: *(liest langsam)* Für die, die im Dunkeln leben, leuchtet ein helles Licht auf. Ein Kind wird geboren, ein neuer König wird uns geschenkt! Er wird den Menschen Frieden bringen. Er wird den Verzweifelten Mut zusprechen und die Traurigen wird er trösten und sie sollen Jubellieder singen. Den Armen bringt er Gerechtigkeit ...

Said: *(buchstabiert)* JE-SA-JA. Das helle Licht, damit ist bestimmt der Stern gemeint, oder?

Kaspar: Nein, ich glaube, nicht nur der Stern. Dieses Kind, das geboren wird, ist ein ganz besonderer Mensch. Das Kind lässt es hell werden in den Herzen der Menschen, so verstehe ich das!

Melchior: Die Menschen in Juda können das auch brauchen, soweit ich weiß. Sie stöhnen unter der römischen Besatzung und den hohen Steuern und jetzt hat Kaiser Augustus auch noch eine Volkszählung angeordnet. Ich kann mir vorstellen, dass sie sich nach etwas anderem sehnen!

Balthasar: Ein Königskind, das es hell werden lässt in den Herzen der Menschen. Ein Königskind aus dem kleinen Juda. Ein wunderbarer Stern, der dorthin weist ... Das ist etwas ganz Besonderes! Ich will es sehen, dieses Kind. Ich will nach Juda ziehen und es sehen.

Melchior: Ich auch!

Kaspar: Ich komme auch mit!

Said: Kann ich auch mitreisen, Vater?

Kaspar: Es ist eine weite und vielleicht auch gefährliche Reise, Said ...

Said: Bitte, Vater!

Balthasar: Lass den Jungen doch mitkommen! Er ist schon fast erwachsen. So etwas erlebt er nie wieder!

Kaspar: Na gut, lasst uns unsere Sachen packen und nach Juda reisen!

Said: Hurra!
(Alle gehen zur Sakristei ab.)

Szene 2: Im Königspalast

(König Herodes sitzt in seinem prunkvollen Palast. Haremsdamen lagern sich zu seinen Füßen, Diener wedeln ihm Kühlung zu. Orientalische Musik wird im Hintergrund gespielt.)

Herodes: Die Akrobaten sollen kommen. Ich langweile mich!
(Er klatscht in die Hände. Akrobaten kommen und turnen, jonglieren etc.)
Nichts Neues habt ihr zu bieten? Weg mit euch! Ich langweile mich immer noch entsetzlich! Die Sänger, los los!
(Musiker kommen und spielen, Soldaten marschieren auf.)

Hauptmann: König Herodes!

Herodes: Was störst du mich jetzt, Hauptmann, ich habe zu tun, siehst du nicht ...?

Hauptmann: Ich habe Nachricht von der Volkszählung. Die Leute murren, weil sie von der Arbeit und aus den Familien weggerissen werden. Es gibt Unruhen!

Herodes: Ach, diese Leute! Die gehen mir auf die Nerven! Ich mache doch auch nur, was Kaiser Augustus aus Rom mir befiehlt. Unruhen sind übrigens dein Problem, Hauptmann. Du weißt doch, wie du die Leute ruhig halten musst! Geh jetzt!

Hauptmann: Sehr wohl, mein König!
(Er zieht mit den Soldaten ab.)

Herodes: Ach, ein König hat es nicht leicht ...
(Bei der folgenden Szene, die im Kirchenschiff spielt, bleiben Herodes und seine Hofleute vorne und gehen weiter ihren Beschäftigungen nach.)

3. Szene: Dem hellen Stern nach ...

(Die Sterndeuter ziehen langsam und bepackt durch den Mittelgang. Etwa in der Mitte machen sie einen Moment halt.)

Said: Ich kann nicht mehr, Vater ... Der Berg ist so steil!

Kaspar: Du wolltest doch mitkommen, Said? Komm, nur noch ein kleines Stückchen. Dort unter den Bäumen schlagen wir unser Nachtlager auf!
(Sie setzen sich auf die Lehnen von zwei Kirchenbänken.)

Said: Ich hätte nicht gedacht, dass Juda so weit weg ist! Wann sind wir denn in Jerusalem, Vater?

Kaspar: Es kann nicht mehr weit sein. Schau, unser Königsstern ist schon ganz nah! Vielleicht morgen, vielleicht übermorgen.

Said: Ich bin schon so gespannt auf das Kind von König Herodes, das Königskind, das allen Menschen den Frieden bringen wird! Ob sich Herodes wohl über unsere Geschenke freuen wird?

Balthasar: Ich hoffe es. Schließlich schenken wir ihm das Wertvollste, was wir haben. Solange ich denken kann, habe ich das Harz meines Weihrauchbaumes gesammelt. Es wird herrlich duften für das Königskind!

Melchior: Und mein Tiegel Myrrhe – eine wunderbare Heilsalbe für alle Wunden!

Said: Vater hat alle unsere Goldstücke aus dem Versteck im Garten geholt. Ein ganzes Kästchen voll!

Kaspar: Für das Königskind soll uns nichts zu beschwerlich, nichts zu teuer sein! Schlaf jetzt, Said, morgen wird es ein anstrengender Tag werden! *(Said rollt sich in seine Decke ein und legt sich an die Füße der drei Sterndeuter.)*

Balthasar: Wie lange schon wünschen sich die Menschen den Frieden und immer wieder führen sie Krieg. Dieses Kind muss einmal ein sehr mächtiger König sein, um sie davon abzuhalten! Er wird erst die Römer besiegen und dann überall Truppen stationieren müssen, die die Leute friedlich halten.

Kaspar: So gibt es doch keinen Frieden, Balthasar! Erst führt der eine König Krieg und unterdrückt die Menschen, dann der nächste. Das kann es doch nicht sein!

Melchior: Aber was ist dann ein Friedenskönig, Kaspar?

Kaspar: Ich weiß es noch nicht ... Aber ich bin gespannt auf König Herodes und sein Kind!

4. Szene: Im Königspalast

(König Herodes ist immer noch von seinen Haremsdamen und Dienern umgeben. Er stopft sich gerade ziemlich unappetitlich Essen in den Mund und schleckt sich dann die Finger ab.)

Türsteher: Königliche Majestät!

Herodes: Was gibt's?

Türsteher: Draußen stehen drei Sterndeuter aus dem Morgenland, Majestät. Sie sagen, der große Stern, der schon seit Wochen zu sehen ist, hätte sie hergeführt.

Herodes: Endlich eine Abwechslung! Nun, ich bin gespannt, was sie wollen. Führe sie herein!

Türsteher: Sehr wohl, königliche Majestät!
(zu den Sterndeutern) Der König lässt bitten!

Herodes: Nun, wer seid ihr und was führt euch zu mir?
(Die Sterndeuter fallen vor Herodes auf die Knie.)

Kaspar: Königliche Majestät, wir sind drei Sterndeuter. Wir haben eine weite Reise hinter uns. Unsere Namen sind Kaspar, Melchior und Balthasar und dies ist mein ältester Sohn Said. Auch er will einmal Sterndeuter werden. Wir sind gekommen, um Euch und Euer neugeborenes Kind anzubeten!

Herodes: *(belustigt)* Ihr wollt mich anbeten? Das ist gut! Aber von welchem neugeborenen Kind redet ihr? Meine Kinder sind alle schon erwachsen!

Melchior: Eure Hoheit, der Stern hat uns hierher geführt!

Balthasar: Und die alten Schriften. Ein Friedenskönig soll geboren sein!

Herodes: *(misstrauisch)* Ein neugeborener Friedenskönig? Ihr habt euch geirrt. Er ist nicht neu geboren, hier sitzt er doch schon vor Euch! Ich nehme gerne eure Huldigungen entgegen!

(Die Sterndeuter verbeugen sich und Herodes spricht übertrieben freundlich.)

Ihr sollt meine Gäste sein. Mein Diener bringt euch in eure Gemächer. Ihr seid bestimmt müde von der langen Reise!

(Die Sterndeuter gehen mit dem Diener ab.
Herodes fängt an zu brüllen.)

Die Schriftgelehrten sollen kommen. Sofort! Neugeborener König? Friedenskönig? Das ich nicht lache! Ich bin hier der König und ich will es bleiben!

(Die Schriftgelehrten kommen herein und fallen zitternd vor Herodes auf die Knie.)

Schriftgelehrte, ihr kennt euch doch mit so etwas aus! Was meinen diese drei Sternengescheite aus dem Morgenland mit Friedenskönig?

1. Schriftgelehrter:
Es gibt Hinweise in den alten Schriften der Propheten.

Herodes: Wo? Was?

2. Schriftgelehrter:
Bei Jesaja ist die Rede von einem Kind, das den Frieden bringt. »Für die, die im Dunkeln leben, leuchtet ein helles Licht auf ...«

1. Schriftgelehrter:
Und bei Micha steht: »Du Bethlehem, so klein du auch bist unter den Städten in Juda, aus dir wird der Mann kommen, der künftig das Land führen wird.«

2. Schriftgelehrter:
Mit der Kraft, die Gott ihm gibt, wird er die Menschen schützen und leiten. Und alle Völker der Erde werden seine Macht anerkennen.

Herodes: *(zornig)* Eine solche Botschaft habt ihr mir zu sagen? Weg mit euch! Ich will euch alle nicht mehr sehen!
(Alle Haremsdamen, Diener und Schriftgelehrten fliehen erschreckt vor dem wütenden König. Als sie weg sind, sackt Herodes weinerlich in sich zusammen.)
Ein neugeborenes Kind soll mich als König ablösen? Mich – den großen, gütigen Herodes?
Das kann doch nicht sein?
(grübelt) Das darf nicht sein! Diener!!!

Diener: Eure Majestät?

Herodes: Schick mir noch einmal die drei Sterndeuter her! Schnell!

Diener: Sehr wohl, Majestät!

(Kaspar, Melchior und Balthasar kommen mit dem Diener zurück und werfen sich vor Herodes nieder.)

Kaspar, Melchior und Balthasar:
Königliche Hoheit!

Herodes: *(übertrieben freundlich)*
Ihr hattet recht, Sterndeuter. Es ist ein neuer König geboren.
(Sterndeuter drehen sich aufgeregt zueinander.)
Wahrscheinlich lebt er in Bethlehem. Sucht ihn und findet ihn, auch für mich! Ich will kommen und vor ihm niederknien. Auch ich will dem neuen König dienen!

Kaspar: Sehr wohl, Majestät!

5. Szene: Eine Warnung

(Auf den ersten Altarstufen kickt Said missmutig Steinchen vor sich her.)

Said: Ich hätte es wissen müssen. Der Stern steht überhaupt nicht über dem Palast von Herodes! Er steht viel südlicher. Und er strahlt heller als je zuvor!

Rahel: Hallo, du bist einer von den Sterndeutern, stimmt es?

Said: Stimmt. Und wer bist du?

Rahel: Ich bin Rahel und ich turne für unseren großen König Herodes.
(Sie schlägt einen Purzelbaum.)

Said: Donnerwetter, das machst du aber gut! Das macht bestimmt Spaß, am Hof des Königs zu arbeiten, oder?

Rahel: Spaß? Glaubst du das im Ernst? Wir werden gehalten wie Sklaven, wie Gefangene. Herodes scheucht uns den ganzen Tag herum. Meistens hat er schlechte Laune, und zu essen bekommen wir auch kaum etwas. Spaß nennst du das?

Said: Du kannst Herodes wohl nicht besonders leiden, oder?

Rahel: Herodes ist der mieseste und hinterhältigste König, den ich je erlebt habe. Er kümmert sich kein bisschen um sein Volk, nur um sein Vergnügen. Den Römern gegenüber tut er immer sehr freundlich und hofft, so seine Macht zu erhalten.

Said: *(nachdenklich)* Er kam mir auch schon so seltsam vor ...

Rahel: Was wolltet ihr eigentlich hier?

Said: Der Stern hat uns hierher geführt, nein, eigentlich nicht direkt hierher ... Ein neuer König soll geboren sein, ein Friedenskönig. Die Schriftgelehrten des Herodes haben herausgefunden, dass er in Bethlehem geboren ist. Dorthin brechen wir morgen auf. Herodes will dann auch das neugeborene Kind anbeten ...

Rahel: Herodes? Einen anderen König anbeten als sich selbst? Das kannst du vergessen! Aus dem Weg schaffen will er das Kind bestimmt!

Said: Meinst du wirklich? Das wäre ja schrecklich!

Rahel: Heute Nacht noch müsst ihr von hier weg! Wir müssen Herodes zuvorkommen, ehe er dem Kind etwas antut. Ich kenne den Weg nach Bethlehem. Ich kann euch führen, wenn ihr mir helft, mich hier herauszuschmuggeln. Ich wollte sowieso nicht länger hier bleiben. Komm schnell!
(Sie rennen weg.)

6. Szene: Auf dem Hirtenfeld

(Einige Hirten sitzen zusammen am Feuer und trinken Wein.)

Josua: Ach, Samuel, der Wein tut gut.

Samuel: Stimmt, Josua. Auf den Moment, an dem wir uns mal ausstrecken können, habe ich auch schon den ganzen Tag gewartet.

Josua: Die Schafe sind ruhig. Heute Nacht kommt hoffentlich kein Wolf, ich will mal wieder eine Nacht schlafen.

Samuel: Ja, noch ein Schaf dürfen uns diese Biester nicht reißen, sonst bekommen wir riesigen Ärger mit dem Herrn.

Josua: Ein Hundeleben ist das. Kälte, Gefahr, Ärger. Und wir werden immer arm bleiben. Aber was bleibt uns anderes übrig?

Samuel: Irgendwie müssen wir die hungrigen Mäuler zu Hause ja stopfen. Komm, Josua, lass uns schlafen. Gute Nacht!
(Die Hirten rollen sich in ihre Decken. Rahel und die Sterndeuter kommen hinter dem Altar hervor.)

Rahel: Hier entlang! Da vorne sehe ich schon die Lichter von Bethlehem.

(Ein Hund bellt. Josua und Samuel schrecken aus dem Schlaf auf.)

Josua: Was um alles in der Welt ...

Samuel: Was, schon wieder ein Wolf?

Josua: Nein, es sind Menschen.
(Spricht Rahel und die Sterndeuter an.)
Was sucht ihr denn mitten in der Nacht hier auf unserem Feld? Wollt wohl Schafe klauen, was?

Kaspar: Nein, das ist nämlich so ...

(Es wird plötzlich hell. Scheinwerfer auf die Engel auf der Kanzel oder einer Empore. Alle schrecken zusammen.)

Josua: Hilfe, was ist das denn?

Samuel: Es ist so hell. Ich fürchte mich. Was hat das zu bedeuten?

1. Engel: Habt keine Angst. Gott hat uns gesandt, um euch etwas zu sagen.

2. Engel: Ein Kind ist heute Nacht geboren. Es liegt in einem Stall, denn seine Eltern sind arm.

3. Engel: Und doch wird dieses kleine wehrlose Kind die Menschen reich machen. Sie werden lernen, einander lieb zu haben.

1. Engel: Das Kind wird die Gefangenen befreien und die Kranken wieder gesund machen.

2. Engel: Es wird den Traurigen Mut zusprechen und den Armen Gerechtigkeit verschaffen.

3. Engel: Es wird denen, die böse aufeinander sind, Wege zur Versöhnung zeigen.

1. Engel: Alle Ehre gehört Gott im Himmel. Er kommt als Kind zu den Menschen, weil er sie liebt.
(Licht aus. Die Engel gehen ab.)

Samuel: *(ungläubig)* Engel?

Josua: Hier bei uns?

Said: Der Stern! Das Kind! Nicht in einem Königspalast wird es geboren, sondern in einem Stall, haben sie gesagt!

Melchior: Gottes Kind im Stall geboren! Das ist wahrhaftig ein ganz anderes Königskind, als ich es mir vorgestellt habe!

Rahel: *(nachdenklich)* Die Gefangenen wird es befreien ...

Josua: Den Armen wird es Gerechtigkeit verschaffen ...

Kaspar: Es wird die Menschen reich an Liebe machen. Komisch, ich habe bei »reich« immer nur an mein Gold im Garten gedacht!

Said: Worauf warten wir noch? Lasst uns das Kind in dem Stall suchen. Dort steht der Stern. Wir sind jetzt ganz nah dran.

7. Szene: Im Gasthaus zum Goldenen Krug

(Der Wirt steht an der »Tür« und spricht nach draußen. Man sieht Maria und Josef vor der Tür. Drinnen sitzen seine Frau und seine Tochter am Küchentisch und schälen Kartoffeln.)

Wirt: *(ruft nach draußen)* Ich habe es euch doch gesagt: Hier ist kein Platz mehr. Die letzte Dachkammer ist vermietet! Ja, ja, ich habe ja Mitleid, aber ich kann nichts für euch tun! Geht jetzt!
(Er kommt wütend drinnen zu seiner Frau.)
Diese Hungerleider! Die hatten bestimmt keinen Cent.
(Er macht Josef nach.) »Aber Maria ist doch schwanger!« Davon kommt auch kein Geld ins Haus!

Wirtin: Daniel, Daniel! Du sollst dich doch nicht so aufregen! Was war denn los?

Wirt: Ach, da war ein junges Paar, das wegen der Volkszählung hierher nach Bethlehem reisen musste. Sie wollten ein Zimmer. Sie haben wohl schon überall gefragt, aber alle haben kein Zimmer mehr. Die ganze Stadt ist doch knallvoll. Da kann ich ihnen auch nicht helfen!

Wirtin: Und – habe ich richtig gehört? Die Frau ist schwanger?

Wirt: Ja, das Kind kommt anscheinend bald. *(Er verteidigt sich.)* Aber, was hätte ich denn machen sollen? Wir haben keinen Platz mehr und Geld hätten sie uns auch nicht gebracht! Ihr wollt schließlich auch was essen. Jetzt geh ich zu Ruben, einen trinken. Zum Kühefüttern bin ich wieder da!
(Er geht weg.)

Wirtstochter: Die Leute tun mir leid. Manchmal kann Papa ganz schön gemein sein!

Wirtin: Kind, wie redest du denn über deinen Vater!

Wirtstochter: Stimmt doch, Mama. Wenn die Frau wirklich bald ein Baby bekommt, ist sie sicher sehr müde und braucht irgendein Dach über dem Kopf.

Wirtin: Du hast schon recht. Aber mir fällt nicht ein, wie wir ihnen helfen können.
(Die beiden überlegen sichtlich angestrengt.)

Wirtstochter: Wie wäre es denn mit dem Stall? Der ist wenigstens warm und trocken. Wir könnten ihnen noch ein paar Decken bringen und eine Lampe. Dann ist es fast schon gemütlich!

Wirtin: Eine gute Idee! Es stinkt zwar ein bisschen, aber ich hätte dich auch nicht gerne auf der Straße bekommen. Der Stall ist doch besser. Lauf ihnen schnell nach und sieh, ob du die beiden noch irgendwo finden kannst!

Wirtstochter: Ja, Mama.
(Sie nimmt eine Decke und eine Lampe und läuft einmal um den Altar. Währenddessen schält die Mutter weiter Kartoffeln.)
So, erledigt. Sie haben sich sehr gefreut. Die Tiere sind auch gleich ein Stück zur Seite gerückt!

(Der Wirt kommt herein. Mutter und Tochter erschrecken und flüstern sich noch etwas zu.)

Wirt: So, das hat gut getan. Jetzt muss ich noch mal in den Stall und dann ist Schluss für heute.
(Wirtin und Wirtstochter drücken den Wirt von rechts und links auf einen Stuhl.)

Wirtin: Lass es gut sein, Daniel.

Wirtstochter: Das Kühefüttern haben wir heute für dich erledigt!
(Mutter und Tochter nicken sich verschwörerisch zu.)

8. Szene: An der Krippe im Stall

(Maria sitzt an die Krippe angelehnt mit Jesus in den Armen. Sie summt ein Lied vor sich hin. Josef kniet neben ihnen und streichelt dem Kind den Kopf.)

Josef: Schlaf, kleiner Jesus. Du und deine Mama, ihr habt schon viel durchgemacht, heute Nacht!

Maria: Ich bin so froh, dass er gesund ist, nach all den Strapazen in den letzten Tagen!

Josef: Wie klein alles an ihm ist. So kleine Händchen und Fingerchen. Alles dran.

Maria: Ein Wunder, unser kleines Baby!

Josef: Ich bin immer noch wütend auf die Wirte hier in Bethlehem. Fast alle haben dich weggeschickt, obwohl sie doch ganz deutlich gesehen haben, dass du ein Kind erwartest!

Maria: Nur gut, dass die Wirtstochter vom »Goldenen Krug« Mitleid mit uns hatte. Ich habe mir die Geburt meines ersten Kindes zwar anders vorgestellt als zwischen Heu und Stroh in einem Stall, aber hier ist es wenigstens trocken und warm.

Josef: Schau, jetzt schläft er.

Maria: Josef, weiß du was? Ich muss dir etwas erzählen. Ich habe es all die Monate für mich behalten, weil es mir so unwirklich vorkam.

Josef: Was denn?

Maria: Vor ein paar Monaten war ein Engel, ein Bote Gottes, bei mir ...

Josef: *(ungläubig)* Ein Bote von Gott? Maria, du bist bestimmt sehr müde und erschöpft von der Geburt. Willst du dich nicht etwas hinlegen?

Maria: Nein, Josef, ich bin nicht müde. Wenn ich ihn so liegen und schlafen sehe, glaube ich wirklich, dass er Gottes Kind ist. Das hat der Bote nämlich gesagt.

Josef: Gottes Kind? Jedes Kind ist doch Gottes geliebtes Kind, Maria! Das hast du bestimmt falsch verstanden ...

Maria: Mit Jesus ist es etwas Besonderes, Josef ...

(Die Hirten, die Sterndeuter und Rahel sind beim Stall angekommen.)

Josef: Ich höre Schritte draußen. Wer das wohl ist, mitten in der Nacht?
(Er geht hinaus und schaut nach. Den Angekommenen sagt er:)
Leise, leise! Meine Frau hat gerade ein Kind bekommen, Je sus. Es schläft. Was sucht ihr?

Said: Ein Kind! Es stimmt also. Wusste ich's doch: der Stern steht direkt über diesem Stall!

Kaspar: Wir sind am Ziel! Endlich! Dürfen wir dein Kind sehen?

Josef: Kommt herein. *(zu sich)* Was das zu bedeuten hat?

Maria: Jetzt ist Jesus wieder wach. Kommt, seht euch unser kleines Wunder an.

Balthasar: Wir sind von weither gekommen, um dieses Kind zu sehen. Der große Stern hat uns den Weg gewiesen. Zuerst haben wir nichts begriffen. Wir haben das Kind hinter dicken Mauern gesucht, unter Reichen, unter Soldaten, die bis an die Zähne bewaffnet sind, und bei einem König, der sein Volk nicht liebt. Wie dumm wir waren. Nimm meinen Weihrauch, kleiner Friedenskönig!

Melchior: Wir dachten zuerst, ein König müsse in einem Palast geboren werden. Aber mit Gottes Kind ist das anscheinend ganz anders. Nimm meine Myrrhe, vielleicht wirst du sie später verwenden können.

Kaspar: Ihr seid keine reichen Leute. Das Kind ist im Stall zur Welt gekommen. Unser Gold könnt ihr sicher brauchen.

Josua: Du bist einer von uns, kleiner Jesus.

Samuel: Nimm dieses Schaffell als Geburtstagsgeschenk.. Es soll dich wärmen.

Maria: Ich bin ganz überwältigt von so viel Freundlichkeit. Wir danken euch für eure Geschenke!

Josef *(Er kratzt sich am Kopf.)* Vielleicht ist ja doch was dran an dem, was du vorhin erzählt hast, Maria. Sonst hätten wir bestimmt nicht solchen Besuch!

Rahel: Es ist irgendwie komisch, so ein kleines Kind hat uns zusammengebracht. Dabei sind wir so unterschiedlich: Ihr Sterndeuter seid reich und kommt von weither, die Hirten sind arme Schlucker vom Feld nebenan und ich bin ein Niemandskind, das dem König abgehauen ist ...

Said: Willst du mit uns nach Hause kommen, Rahel?

Rahel: Sehr gerne, Said!

Kaspar: Kommt, wir müssen jetzt gehen. Die Eltern und das Kind wollen sich bestimmt ausruhen. Ich bin froh! Es ist, als ob mit diesem Kind alles neu anfängt. Diese Nacht hat mir die Augen geöffnet: »Für die, die im Dunkeln leben, leuchtet ein helles Licht auf!« Um Jerusalem machen wir einen großen Bogen. Aber unterwegs will ich allen von diesem Kind erzählen.

Die anderen: Wir auch!

Das verträumte Sternchen Blinki und die Heilige Nacht

Renate und Karl-Hermann Schneider

Vorbemerkungen

Licht und funkelnde Sterne, womit könnte man Kinderaugen mehr faszinieren! Aber selbst einmal Stern spielen und leuchten über den Hirtenfeldern von Bethlehem, das wäre doch etwas für die Jüngsten im Kindergottesdienst.
Das Stück erzählt von der Vorbereitung der Sterne auf das Wunder der Heiligen Nacht. Alle haben sich herausgeputzt, um besonders hell leuchten und strahlen zu können in dieser Nacht. Aber was macht Blinki, hat er Weihnachten vergessen?
Mit Hilfe der anderen schafft er es doch noch, sich auf Hochglanz zu bringen, und nebenbei hat er ganz viel über die Bedeutung dieser Nacht und die Sendung des Sohnes Gottes zur Welt erfahren.

Personen:

Drei kleine Sternchen:	Blinki Glitzer Strahler	Die Planeten:	Jupiter Saturn
Zwei erwachsene Sterne:	Flitter Funke		

Für jede Person ist ein Sternenkopfschmuck zu basteln. Dafür wird benötigt:

feste Pappe	Cutter (Schneidmesser)
Goldfolie	Klebstoff
Schere	doppelseitiges Klebeband

So wird es gemacht:

Je einen Pappstreifen nach Kopfumfang der Personen passend zuschneiden, zusammenkleben und mit Goldfolie beziehen. Dann je einen großen Stern aus Pappe ausschneiden, mit Goldfolie beziehen und vorn an den Pappstreifen befestigen.
Den Stern für Blinki zunächst ohne Goldfolie lassen (matt, grau!).
Die vorbereitete Goldfolie für Blinki mit doppelseitigem Klebeband ausrüsten, damit schnell ein glänzender Stern entstehen kann.

Als Gewänder kann man weiße Bettlaken oder Tücher verwenden. Mit einem Gürtel, einer farbigen Kordel und Sicherheitsnadeln kann man die Tücher befestigen.
Außerdem braucht jeder Stern ein Staubtuch.

(Glitzer und Strahler treten auf, eifrig mit einem Staubtuch ihren Kopfschmuck blank polierend.)

Glitzer: Schau mal, Strahler! Ob mein Stern so wohl hell genug glitzert?

Strahler: Aber klar doch! Super! Wie hast du ihn denn so blank gerieben?

Glitzer: *(Er haucht auf den Stern und poliert dann nach.)* So habe ich es immer wieder gemacht! Da ist er ganz glänzend geworden für die Heilige Nacht!

Strahler: Das probiere ich jetzt auch! Mein Stern muss genauso strahlend werden wie deiner. Ich will mich doch nicht blamieren!

Glitzer: Wo ist denn eigentlich Blinki? Ich habe ihn noch nicht gesehen! Meinst du, er hat seinen Stern schon geputzt?

Strahler: Das glaubst du ja selber nicht! Wie ich ihn kenne, träumt er wieder irgendwo herum und ist nachher nicht fertig, wie immer!

Glitzer: *(ruft laut)* Blinki! Blinki! Wo bist du?

Blinki: *(Er kommt verschlafen, sich die Augen reibend, auf die Bühne und gähnt.)* He, was ist denn los? Warum weckst du mich, Glitzer? Ich habe gerade sooo schön geträumt.

Strahler: Ich hab dir's ja gleich gesagt. Schau dir mal seinen Stern an, wie der wieder aussieht! Völlig ungeeignet zum Strahlen!

Glitzer: Tatsächlich! Matt und ohne Glanz! Blinki, hast du denn vergessen, deinen Stern für das große Ereignis zu putzen? *(Er schüttelt vorwurfsvoll den Kopf.)*

Blinki: *(schaut verlegen)* Welches große Ereignis denn? Es ist doch eine ganz normale Nacht!? Da fällt es sicher keinem auf, wenn ich kleines Sternchen mal nicht so hell blinke! *(Flitter und Funkel kommen hinzu.)*

Flitter: *(streng)* So, nun zeigt mal eure Sterne her! Habt ihr auch gut poliert?

Funkel: Blinki, komm zu mir! Was muss ich da sehen? Dein Stern ist überhaupt nicht geputzt!

Blinki: *(stottert)* Ja, also – Funkel – ich bin noch nicht dazu gekommen. Aber ich mache es jetzt sofort. *(Er fängt eifrig an zu putzen.)*

Flitter: Strahler, Glitzer, eure Sterne sind super – Glitzer- und Strahler-Sterne! Setzt euren Kopfschmuck auf! Es ist bald soweit!

Blinki: *(fast verzweifelt)* Nun sagt mir doch endlich, was heute Nacht los ist!

Funkel: *(kopfschüttelnd)* Wo sind nur immer deine Gedanken, Blinki?

Flitter: Hast du wieder nicht aufgepasst, als die Nachricht verkündet wurde?

Funkel: *(deutet mit dem Finger)* Siehst du dort den kleinen blauen Planeten im Weltall?

Blinki: Ja, ich kann ihn erkennen. Was ist damit los?

Flitter: Dort wird in dieser Nacht etwas ungeheuer Wichtiges geschehen!

(Jupiter und Saturn kommen herein.)

Jupiter: Allerdings! Dort wird heute Nacht der Retter geboren werden!

Saturn: So ist es, der Erlöser der ganzen Welt wird als kleines Kind auf den blauen Planeten Erde gehen.

Blinki: Wirklich? Auf diesen winzigen Punkt im Weltall? Warum das denn?

Funkel: Weil es unserem Gott so gefällt!

Blinki: Aber was haben wir damit zu tun?

Jupiter: Wir müssen in dieser Nacht der Nächte besonders hell leuchten, denn es werden seltsame Dinge geschehen!

Glitzer: Großer Jupiter, erzähl uns davon, bitte!

Jupiter: Na gut! Es bleibt noch etwas Zeit!
Wir müssen den Engelscharen und himmlischen Chören leuchten. Sie haben nämlich den Auftrag, den Hirten auf den Feldern von Bethlehem das große Ereignis bekannt zu geben. Die Menschen sollen erfahren, was in der Heiligen Nacht geschieht.

Saturn: Wir beide, Jupiter und ich, haben noch einen besonderen Auftrag zu erfüllen!

Strahler: Erzähle, Saturn, erzähle! Ich bin ja so gespannt!

Saturn:	Jupiter und ich müssen so stehen, dass wir von der Erde aus wie ein großer, hell leuchtender Stern wirken.
Blinki:	Das kommt doch nur sehr selten vor! Warum gerade jetzt?
Jupiter:	Wir müssen drei Männern den Weg nach Bethlehem zeigen, die schon lange auf die Geburt dieses himmlischen Königs warten.
Saturn:	Sie beobachten den Sternenhimmel und erwarten gespannt unser Zeichen, um sich auf die lange Reise zu machen.
Jupiter:	Sie werden den Retter mit unserer Hilfe finden und ihn reich beschenken und ihn anbeten!
Blinki:	Das ist ja wirklich wunderbar und sehr seltsam! Aber was sagt ihr, wo wird der Retter geboren? Sicherlich im Palast eines Königs in großer Pracht und Herrlichkeit! Deswegen müssen wir blinken und glänzen!
Flitter:	Keineswegs! Das Kind kommt ganz arm ohne Reichtum und Glanz zur Welt – in einem Stall!
Funkel:	Und wenn es erwachsen ist, werden sie es töten. Gottes Sohn wird am Kreuz sterben!
Strahler:	*(erschrocken)* Das ist ja furchtbar! Aber warum denn?
Flitter:	Nur so, das hat Gott beschlossen, kann die ganze Welt gerettet und erlöst werden.
Funkel:	Aber das ist nicht das Ende: nach drei Tagen wird er von den Toten auferstehen!
Blinki:	Diese Ereignisse will ich auf keinen Fall verpassen. Das ist ja aufregend. Schnell meinen Stern poliert! Ich will hell blinken!
Flitter:	*(gutmütig)* Gib mal her, ich helfe dir, damit du rechtzeitig fertig wirst! *(Er klebt die Goldfolie auf den Stern und gibt den Kopfschmuck zurück. Blinki setzt ihn auf.)*
Blinki:	*(erleichtert)* So, fertig! Ich bin auch bereit.
Saturn und Jupiter:	*(gemeinsam)* Ja, kommt nun mit! Nehmt eure Bahnen ein! Lasst uns strahlen und funkeln, so hell wir nur können! Die Zeit ist erfüllt: Gott sendet seinen Sohn.

Was ist eigentlich Myrrhe?

Thomas Reuter

Vorbemerkung

Die klassischen Szenen des Krippenspiels sind von einer Rahmenhandlung eingefasst, die den vorweihnachtlichen Familienalltag aufgreift. Lisa und ihr Vater, die sich spontan oder – im Falle des Vaters – auch nicht ganz freiwillig zum Kirchenbesuch entscheiden, werden unerwartet in das Stück hineingezogen. Der »Weihnachts-Christ« soll in dem Spiel keineswegs vorgeführt werden, sondern er entdeckt die Relevanz der Weihnachtsbotschaft für sich, indem er in das Geschehen einbezogen wird.
Verbindendes Element des ganzen Stückes sind die Engel. Weiß Lisa anfangs gar keine inhaltliche Verbindung der Engel mit Weihnachten zu ziehen, erinnert sich der Vater immerhin noch vage an die Weihnachtsgeschichte. Im Verlauf des Stücks erfahren Lisa und ihr Vater immer mehr über die Engel. Dabei sollen die befremdeten Reaktionen der beiden die Gemeinde immer wieder daran erinnern, dass Lisa und ihr Vater mehr oder minder zufällig in das Geschehen hineingekommen sind.
Noch am Schluss des Stücks kann der Vater nicht sagen, was er eigentlich dem neugeborenen Jesus als Sterndeuter geschenkt hat: »Was ist eigentlich Myrrhe?« Es geschieht keine spektakuläre Hinwendung, aber die beiden haben etwas von der Nähe Gottes durch die Weihnachtsbotschaft gespürt. Augenfällig wird dies dadurch, dass Lisa zu Beginn des Stückes sich die Kitsch-Engel in einem Katalog betrachtet und am Ende des Spiels die Weihnachtsgeschichte selbst in der Bibel nachliest.

Personen:

Lisa (Doppelrolle als Maria)
Vater (Doppelrolle als Sterndeuter Balthasar)
Josef
alter Hirte Daniel
junger Hirte Matthias
junger Hirte Tobias
Sterndeuter Melchior
Sterndeuter Kaspar
Verkündigungsengel

1. Szene:

(Vater und Tochter Lisa in der Wohnstube. Der Vater schmückt den Weihnachtsbaum. Lisa sitzt auf dem Sofa und blättert in einem dicken Katalog.)

Lisa: Oh, sind die süß.

Vater: Wer ist süß?

Lisa: Na, diese kleinen, dicken Engel. Vierundzwanzig Stück als Baumbehang kosten bloß € 2,99.

Vater: Das ist zu billig, Lisa. Ich hänge nur original erzgebirgische Volkskunst an den Baum. *(Er hängt eine entsprechende Figur in den Baum. Lisa geht mit ihrem Katalog zu ihm hin.)*

Lisa: Aber süß sind die trotzdem. Schau mal!

Vater: *(schaut kurz in den Katalog, den Lisa ihm hinhält)* Die sind kitschig, Lisa.

Lisa: *(geht zurück und blättert im Katalog weiter)* Wieso sind eigentlich überall Engel in diesem Katalog? Was haben die mit Weihnachten zu tun?

Vater: *(schmückt weiter den Baum und antwortet nebenher)* Die haben der Maria was verkündet. Und dem Josef, glaube ich auch, und den Hirten.

Lisa: Und was?

Vater: *(unsicher)* Dass sie friedlich sein sollen. So genau weiß ich das auch nicht.

Lisa: *(legt den Katalog zur Seite)* Die Kathi aus meiner Klasse wüsste es. Die hat mir nämlich erzählt, dass sie heute bei einem Krippenspiel mitmacht.

Vater: Und wo?

Lisa: In der ..., *(Name der Kirche einsetzen, in der das Stück aufgeführt wird)* glaube ich. Du, Vati, wie wär's, wenn wir uns das Spiel mal anschauen? Kathi sagt, es kostet nicht mal Eintritt.

Vater: *(erschrocken)* Lisa, ich war seit Jahren in keiner Kirche mehr.

Lisa: Na und, wir fallen da schon nicht auf. Kathi meint, Weihnachten ist die Kirche immer total voll.

Vater: *(sucht fieberhaft nach einer plausiblen Ausrede)* Aber der Baum ist noch nicht fertig geschmückt.

Lisa: *(betrachtet entzückt den Baum und schmeichelt)* Oh, der sieht total super aus in diesem Jahr.

Vater: Aber ... bei der Kirche gibt's bestimmt nicht genügend Parkplätze für all die Leute!

Lisa: Dann laufen wir eben.

Vater: *(reagiert schnell und unüberlegt)* Nein, nein! Wenn, dann fahren wir!

Lisa: *(lacht)* Also abgemacht?

Vater: *(windet sich)* Na, los! Du kannst aber auch nerven ...

(Beide legen sich Schal und Handschuhe an. Der Vater nimmt den Autoschlüssel. Er und Lisa verlassen die Wohnstube durch einen Hinter- oder Seiteneingang.
Nach dem folgenden Lied betreten sie die Kirche durch den Haupteingang und suchen sich, miteinander schwatzend, weit vorne zwei freie Plätze und legen ihren Schal und ihre Handschuhe ab. Die Gemeinde muss all dies beobachten können, so als kämen sie wirklich auffallend zu spät.)

● Lied: »Es kommt ein Schiff geladen«, EG 8; GL 114

2. Szene:

Verkündigungsengel: *(an exponiertem Ort)*
Fürchte dich nicht, Maria. Du hast Gnade bei Gott gefunden. Siehe, du wirst schwanger werden und einen Sohn gebären, und du sollst ihm den Namen Jesus geben. Der wird groß sein und ein Sohn des Höchsten genannt werden; und Gott der Herr wird ihm den Thron seines Vaters David geben und er wird ein König sein über das Haus Jakob in Ewigkeit, und sein Reich wird kein Ende haben. (Lk 1,30–33)

Josef: *(Er kommt durch die Kirche nach vorn gelaufen und ruft nach Maria.)*
Maria? – Wo ist sie denn? – Sie sollte doch hier auf mich warten! – *(Er überlegt.)*
Sicher hat sie sich einen wärmeren Ort gesucht. Es ist kalt und ich war lange weg. – Ich habe nicht mehr gezählt, an wie viele Türen ich klopfte. Immer nur wurde ich abgewiesen.
(Er macht die Vermieter nach.)
Die eigenen Verwandten wären schon im Haus. – Die Zimmer seien wegen der Volkszählung des Kaisers längst vorbestellt. – Man wolle keine Unannehmlichkeiten wegen der bevorstehenden Geburt unseres Kindes.
Dabei bin ich Zimmermann und hätte bezahlen können. Ha! Einer hat mir sogar einen Schafstall angeboten. Den habe ich einfach stehen lassen!
(ruft noch einmal und entdeckt dann Lisa)
Maria! – Ach, da bist du ja!
(Er geht zu Lisa, legt ihr ein Tuch um und nimmt sie, die überrascht und ratlos reagiert, mit nach vorne.)
Ich habe keine Unterkunft finden können, Maria. Was tun wir nur?

Maria: *(überlegt)* Du hast doch was von einem Stall erzählt.

Josef: Aber Maria! Meinst du wirklich ...? Wir sollten ...?
(Maria nickt)
Nun gut, dann lass uns gehen.
(Beide gehen weg und tragen während des folgenden Liedes die Krippe nach vorne.)

● Lied: »Kommet, ihr Hirten«, EG 48, 1+2 – oder
»Komm mit mir«, SL 123, 1+2

3. Szene:

(Maria und Josef bei der Krippe. Die Hirten kommen dazu.)

Maria: Da kommen Leute ...

Josef: Ich frage, was sie wollen.
(Er geht den Hirten entgegen. Matthias und Tobias eilen dem alten Daniel voraus.)

Matthias: *(aufgeregt zu Josef)* Hast du auch die Engel gesehen?

Josef: *(erstaunt)* Engel?

Matthias: *(erstaunt und stolz zugleich)*
Er hat sie nicht gesehen, Daniel. Sie sind nur uns erschienen.

Tobias: Wo ist denn das Neugeborene?

Josef: Woher weißt du von unserem Kind?

Matthias: *(ungeduldig)* Na, durch die Engel!

Daniel: *(ist jetzt auch angekommen und schiebt Matthias beiseite)*
Verzeih, dass die beiden so vorlaut sind. Sie sind jung – und ich muss ihnen wohl noch manches beibringen. Aber Recht haben sie. Der Engel hat uns zu euch gesandt.

Josef: Nun kommt erst mal herein. *(Sie gehen in den Stall.)*

Tobias: Da ist das Kind. Genau, wie der Engel sagte.

Maria: *(zu sich, ironisch)* Der Engel aus dem Katalog ...

Josef: Das ist Maria, die Mutter des Kleinen. Und sie ist sicher genauso neugierig auf eure Erlebnisse wie ich.

Maria: Das bin ich! Ich möchte alles über die Engel erfahren!

Daniel: Dann hört euch unsere erstaunliche Geschichte an.

(Während des folgenden Liedes wird die Stall-Szene ab- und die Feld-Szene aufgebaut. Wenn man Platz genug hat, kann man auch einfach den Schauplatz wechseln.)

● Lied: »Kommet, ihr Hirten«, EG 48,3 – oder
»Komm mit mir«, SL 123,3

4. Szene:

(Die Hirten sind auf dem Feld. Maria und Josef beobachten die Szene von der Seite aus, bleiben aber für die Gemeinde zu sehen.)

Matthias: *(friert, hüpft auf der Stelle, um sich zu wärmen)*
Es ist bitter kalt heute Nacht, Daniel. Ich friere bis auf die Knochen.

Tobias: *(reibt sich die Arme und sagt zu Daniel)*
Wie hältst du dich denn warm?

Daniel: *(zieht das Fell fester um sich)*
Ein Fell umlegen und an den Sommer denken.

Matthias: Das reicht mir nicht!
Komm, Tobias, wir spielen ein wenig mit unserer Stoffkugel. So wird uns schneller warm.

Tobias: Na komm, wirf rüber!
(Die beiden laufen – je nach örtlicher Gegebenheit – durch die Kirche oder vor dem Chorraum auf und ab und werfen sich unter entsprechenden Rufen den Ball zu. Daniel schaut den beiden lächelnd zu.)

Tobias: *(wieder zu Daniel)* Ach, wenn man doch mit Ballwerfen sein Geld verdienen könnte!

Daniel: *(lacht)* Das wird's wohl nie geben! Wer sollte dafür bezahlen, euch beim Ballspiel zuschauen zu dürfen? Aber behaltet eure Träume! Als ich in eurem Alter war, hatte ich auch noch welche.

Matthias: Du konntest gut Ball spielen? – Fang!
(Er wirft den Ball hoch über Daniel hinweg zu Tobias. Die beiden jungen Hirten lachen.)

Daniel: *(gereizt)* Ach, was! Ich hatte ganz andere Träume. Oft habe ich am Feuer gelegen und an unsere alten Könige gedacht. An Saul, der stattlich war und einen Kopf größer als alle anderen. *(Er steigt auf einen Strohballen oder Hocker.)* An David, der wunderschön auf der Harfe spielen konnte. *(Er imitiert dies mit seinem Hirtenstock.)* Oder an Salomo, der so unglaublich klug und weise war.

Matthias: *(Reibt mit Daumen und Zeigefinger. Geld-Geste.)* Und reich!

Tobias: *(Geste der Eitelkeit)* Und schön.

Daniel: Dann habe ich mir vorgestellt, selbst einmal König zu werden. Aber ich bin nicht so groß wie Saul. *(Er steigt wieder herunter.)* Oder so musikalisch wie David oder so klug wie Salomo.

Matthias: *(ironisch)* Und auch nicht so reich.

Tobias: *(ironisch)* Und nicht so schön.

Matthias: Aus »König Daniel« *(verbeugt sich tief und spricht belustigt)* ist dann nichts geworden ...

Daniel: *(energisch)* Natürlich nicht. Auch du wirst immer ein Hirte bleiben. Dennoch habe ich selbst heute noch einen Traum, so wie alle Israeliten.

Tobias: Den Traum vom Messias, vom Retter?

Daniel: *(nickt)* Ich stelle mir vor, wie es sein wird, wenn der Messias zu uns kommt. Gerechtigkeit gäbe es und Frieden.

Matthias: *(bitter)* Selbst das Wort eines Hirten würde man dann achten.

Tobias: *(klopft Daniel auf die Schulter)* Aber nun bist du schon alt, Daniel. Und der Messias ist immer noch nicht erschienen.

Daniel: Doch ihr seid noch jung. Vielleicht erlebt ihr sein Kommen noch. *(Er erwacht wie aus einem Traum.)* Nun aber rollt euch in eure Felle, damit euch nicht wieder kalt wird. Schlaft bis zum Morgengrauen! Ich halte Wache. *(Matthias und Tobias tun dies.)*

Matthias: Daniel?

Daniel: *(auf seinen Stock gestützt)* Was ist noch?

Matthias: Weshalb bist du so sicher, dass der Messias kommen wird?

Daniel: Er ist uns verheißen. Du kennst doch die alten Prophetenworte.

Tobias: Aber das ist alles schon so lange her.

Daniel: *(bestimmt)* Was Gott verheißt, das hält er auch. Nun schlaft!

(Nach kurzer Zeit tritt der Verkündigungsengel wieder an einem exponierten Ort auf.)

Verkündigungsengel:
Fürchtet euch nicht! Siehe, ich verkündige euch große Freude, die allem Volk widerfahren wird; denn euch ist heute der Heiland geboren, welcher ist Christus, der Herr, in der Stadt Davids. Und das habt zum Zeichen: Ihr werdet finden das Kind in Windeln gewickelt und in einer Krippe liegen. Ehre sei Gott in der Höhe und Friede auf Erden bei den Menschen seines Wohlgefallen. (Lk 2,10-12)
(Die Hirten und der Verkündigungsengel gehen ab.)

● Lied: »Stern über Bethlehem«, EG 540, 1+2; SL 125, 1+2

5. Szene:

(Melchior, der Balthasars Geschenk – eine Amphore – trägt, kommt allein nach vorn. Kaspar, der Balthasars Umhang über dem Arm trägt, ruft von hinten.)

Kaspar: Melchior, warte! *(Er kommt nach vorn geeilt.)*
Du bist zu schnell. Balthasar ist wieder zurück geblieben.

Melchior: *(genervt)* Nun tragen wir schon seine Sachen, und er kann doch nicht Schritt halten. Wo bleibt er denn?
(Er späht ins Kirchenschiff und zeigt dann auf den Vater von Lisa.)
Ah, da ist er ja. *(Kaspar geht zum Vater.)*

Kaspar: Komm, Balthasar, dort vorn rasten wir!
(Er nimmt den verdutzten Vater mit nach vorn und bindet ihm den Umhang um.)
Da, dein Umhang.

Melchior: *(geht nachdenklich umher)*
Er gefällt mir nicht, dieser König Herodes.

Balthasar: *(neugierig)* Weshalb nicht?

Melchior: Seine Freundlichkeit war nicht echt. Er will einem Kind huldigen, das als König angebetet wird und nicht sein eigenes ist?

Kaspar: Hört! Letzte Nacht sprach im Traum ein Engel Gottes zu mir.

Balthasar: *(zu sich)* Ah, den Weisen ist also auch ein Engel erschienen.

Kaspar: Er hieß uns, auf dem Rückweg nicht wieder zu Herodes zu gehen.

Melchior: Da fällt mir ein Stein vom Herzen. Ich hätte Herodes gar nicht gern von dem neugeborenen König erzählt. – Nun lasst uns aber weiter reiten. Bethlehem kann nicht mehr fern sein. Da, Balthasar, dein Geschenk kannst du nach dieser Rast sicher wieder selbst tragen. *(Er gibt ihm die Amphore.)*

Balthasar: *(betrachtet diese)* Das ist mein Geschenk?

Kaspar: *(verwundert)* Natürlich, die Myrrhe wolltest du schenken. Nun kommt!

(Die Sterndeuter gehen ab. Die Feldszene wird ab- und die Stallszene wieder aufgebaut.)

● Lied: »Zu Bethlehem geboren«, EG 32; GL 140

6. Szene:

(Die Sterndeuter kommen durch die Kirche nach vorne.)

Melchior: *(zeigt auf den Stern)* Schaut, der Stern scheint still zu stehen!

Balthasar: Da ist nur ein Stall! Was sollen wir in einem Stall?

Kaspar: Leise! Hört ihr das auch? *(eventuell leises Baby-Weinen)*
Es klingt nach einem Säugling. Ich glaube, wir sind am Ziel unserer Reise.

Balthasar: Ein Säugling? *(schaut in die Amphore)*
Dann habe ich wohl das falsche Geschenk dabei!

Josef: *(kommt herbei und verneigt sich)* Willkommen in unserer bescheidenen Unterkunft. *(Sterndeuter treten mit Josef zur Krippe.)*

Melchior: Dies ist der Sohn des Höchsten, der kommende König, nach dem wir suchten.

Maria: So hat es auch der Engel gesagt.

Kaspar: *(kniet an der Krippe nieder)* Herr, der Welt, nimm an meine Gabe. Ich bringe dir Gold, das glänzende Edelmetall. *(tritt zurück)*

Melchior: *(kniet an der Krippe nieder)* Herr, der Welt, nimm an meine Gabe. Ich bringe dir Weihrauch, das duftende Räucherwerk. *(tritt zurück)*

Balthasar: *(kniet etwas ratlos an der Krippe nieder)* Herr, der Welt, nimm an meine Gabe. Ich bringe dir ... Myrrhe. *(tritt zurück)*

Josef: Wir danken euch. Gott hat nicht nur die Hirten von Bethlehems Feldern, sondern auch euch Gelehrte von weither zu unserem Kind geführt.

Maria: *(sichtlich stolz auf ihr Wissen)* Ihr kommt aus dem Morgenland, nicht wahr?

Kaspar: So ist es. Ein Stern verhieß uns die Geburt des neuen Königs. Der ganze Erdkreis wird davon erfahren, und überall wird es Menschen geben, die vor ihm niederknien.

Balthasar: *(betroffen, zu sich)* Da hast du recht!

● Lied: »Stern über Bethlehem«, EG 540,3+4; SL 125, 3+4

(Während des Liedes verlassen die Spielerinnen und Spieler die »Bühne«, die Krippe bleibt stehen. Der Vater und Lisa gehen zurück zu ihrem Platz in der Kirche, legen Umhang und Tuch ab. Ziehen wieder Schal und Handschuhe an und verlassen schwatzend die Kirche. – Durch den Hinter- oder Seiteneingang betreten sie wieder ihre »Wohnstube«.)

7. Szene:

Lisa: *(stupst ihren Vater)* Du bist ja richtig niedergekniet vor mir.

Vater: *(künstlich echauffiert)* Vor dir? Vor dem Kind! Na ja, irgendwie war mir das Ganze schon ein bisschen peinlich, aber auch ... ergreifend. So ganz nahe dabei zu sein ...

Lisa: Diese Engelchen ...
(blättert kurz im Katalog, wirft ihn dann achtlos beiseite)
Jetzt lese ich die Weihnachtsgeschichte noch mal nach. Wir haben doch die Bibel?

Vater: Ja, natürlich! Bloß wo ... *(sucht)*
Ah, hier! *(Er kommt mit einem dicken Buch zurück und bläst sichtbar den Staub davon herunter. Er hustet und reicht Lisa die Bibel.)*

Lisa: Bei Lukas steht: *(Sie liest Lk 2,1–9 und 15–20.)*
und bei Matthäus steht: *(Sie liest Mt 2,1+9b–11.)*

(Während Lisa liest, stellen sich die Spielerinnen und Spieler, wenn sie in den Texten genannt werden, um die Krippe auf. Gegen Ende kommen Lisa und ihr Vater langsam dazu. Wenn Lisa den zweiten Text beendet hat, fragt ihr Vater:)

Vater: Lisa, was ist eigentlich Myrrhe?

(Beide reihen sich in die Krippenszene ein.)

● Lied: »O du fröhliche«, EG 44 oder »Stille Nacht«, EG 46,1–3; GL 145

Der Stern, der die Welt bewegt

Kurt Rainer Klein

Vorbemerkung

Dieses einfache Krippenspiel für Kindergartenkinder mit musikalischer Umrahmung ist so konzipiert, dass die älteren (5-6-jährigen) Kinder höchstens zwei kurze Sätze zu sprechen haben. Die Rollen ohne Text können von den jüngeren Kindern übernommen werden. Helfer kümmern sich um den Bühnenauf- und -umbau. Die Erzieherinnen singen die Strophen vor, die dann mit der Gemeinde zusammen gesungen werden.
Das Stück kann auch schon an einem Adventssonntag aufgeführt werden. Wie es gerade für jüngere Kinder wichtig ist, wird die Weihnachtsgeschichte durch das Auftreten der Weisen, der Engel und der Hirten einfach erzählt, ohne zuviel Interpretation dazu zu liefern.

Personen:

Sternträger	Maria
1. Weiser	Josef
2. Weiser	1. Stallknecht
3. Weiser	2. Stallknecht
1. Wächter	1.–9. Hirte
2. Wächter	Eventuell weitere Hirten
Herodes	Drei Engel

Folgende Requisiten werden benötigt:

— ein Stab mit einem großen Stern aus Goldpappe
— ein bemaltes Papphaus als Palast des Herodes
— die Geschenke der drei Weisen: Kugel in Goldfolie (Gold), Glasgefäß mit Weihrauch, kleine Zweige (Myrrhe)
— zwei Besenstiele (als Waffen für die Wächter des Herodes)
— Strohballen
— strohgefüllte Krippe mit Jesuskind (Puppe)
— Flöten für die Hirten
— Zwei Stoffschafe
— Würfelbecher mit sechs Würfeln
— Holzscheite mit Farbfolie (Lagerfeuer)
— Eine Bockleiter
— Kleidung für die Spielerinnen und Spieler

1. Szene

(Ein Kind tritt als Sternträger auf. Es hält an einem Stab einen Goldpappstern in die Höhe und läuft langsam von links nach rechts, von rechts nach links und wieder nach rechts und bleibt dann dort stehen.
Drei Weise in bunten Gewändern erheben sich ganz links und gehen zur Mitte. Zum Publikum gewandt sprechen sie.)

1. Weise: Wir haben einen Stern gesehen.
(Er zeigt auf den Stern in der rechten Ecke.)

2. Weise: Von weit her sind wir gekommen.
(Er zeigt zurück in die Ferne.)

3. Weise: Den neugeborenen König suchen wir.
(Er verbeugt sich aus Ehrfurcht vor dem Gesuchten in Richtung Publikum. Die drei Weisen bleiben stehen und blicken sich suchend um.)

(Ein bemaltes Papphaus als Palast des Herodes wird auf die Bühne gestellt. Links und rechts davon ziehen zwei Wächter auf. Als Waffen halten sie zwei Besenstiele in der Hand. Dann tritt Herodes auf und stellt sich zwischen den beiden vor seinen Palast.)

Herodes: Wen sucht ihr denn?

1. Weise: Den neu geborenen König!

2. Weise: Wir haben Geschenke für ihn.
(Alle drei zeigen ihre Geschenke.)

3. Weise: Dem Stern sind wir gefolgt.

Herodes: Geht nach Bethlehem!

(Alle gehen ab. Der Palast wird weggetragen. Während des folgenden Lieds werden die Requisiten für die 2. Szene aufgebaut, siehe dort.)

Der Stern am Himmel steht nicht still

(Das Lied wird einmal vorgesungen, dann kann die Gemeinde mitsingen, wenn möglich mit instrumentaler Begleitung: Gitarre, Xylophon, Triangel, Flöten, Tamburin.)

Noten ▷▷▷

Text und Musik: Kurt Rainer Klein. Rechte beim Autor.

2. Szene

(In der Mitte der Bühne liegt ein Strohballen. Maria und Josef setzen sich darauf. Vor ihnen steht die Krippe mit dem Kind. Zwei Stallknechte stehen an der Seite.)

Josef: Dieser Stall ist heute unser Zuhause.

1. Stallknecht: Ihr seid uns willkommen.

Maria: Hier ist unser Kind geboren.

2. Stallknecht: Wie heißt das Kind?

Josef: Jesus!

Maria: »Gott ist mit ihm« ist sein Name.
(Von der Seite kommt der Sternträger auf die Krippe zu und stellt sich seitlich hinter Maria und Josef. Eventuell wird die Szene von einem kleinen Spotlicht jetzt beleuchtet.)

1. Stallknecht: Wie hell diese Nacht ist.

2. Stallknecht: Friede sei mit euch!
(Alle gehen ab. Die Krippe wird weggetragen. Während der 2. Strophe des Lieds werden die Requisiten für die 3. Szene aufgebaut, siehe dort.)

2. Strophe: *(Die Strophe wird wieder einmal vorgesungen.)*

Es ist ein Stall in Bethlehem,
erfüllt von einem Kind, in dem
der Frieden zu uns Menschen dringt,
wie es der Engel hell besingt.

3. Szene

(Zwei Strohballen liegen auf der Bühne. Seitlich steht eine Bockleiter, auf der sich nachher die Engel platzieren. Die Hirten sitzen auf dem Boden oder auf den Strohballen in drei Gruppen. Eine Gruppe sitzt um das Lagerfeuer, die andere Gruppe spielt ein Würfelspiel, die dritte Gruppe steht hinter den Stoffschafen. Die Hirten am Lagerfeuer unterhalten sich:)

1. Hirte: Es ist kalt.

2. Hirte: Aber die Nacht ist hell.

3. Hirte: Das Feuer wärmt uns.
(Die Hirten beim Würfelspiel sprechen:)

4. Hirte: Ich habe kein Glück. *(Er würfelt erneut.)*

5. Hirte: Immer gewinnt Joschi.

6. Hirte: Ich höre Geräusche! *(Er hebt den Zeigefinger.)*

(Währenddessen haben sich drei Engel auf der Leiter übereinander gestellt. Eine Aufsichtsperson ist zur Sicherheit dabei.)

1. Engel: Fürchtet euch nicht!

2. Engel: Der Heiland ist heute geboren!

3. Engel: Geht zum Stall nach Bethlehem!

(Die Hirten, die bei den Schafen stehen, sprechen:)

7. Hirte: Wer hat zu uns gesprochen?

8. Hirte: Eine himmlische Stimme!

9. Hirte: Komm, wir gehen nach Bethlehem.

(Diese drei Hirten machen sich auf den Weg nach Bethlehem, d.h. sie gehen seitlich weg. Die anderen Hirten und die Engel verlassen einfach die Bühne. Die Leiter, das Lagerfeuer und ein Strohballen werden entfernt. Während der 3. Strophe des Lieds werden die Requisiten für die 4. Szene aufgebaut, siehe dort.)

3. STROPHE: *(Die Strophe wird wieder einmal vorgesungen.)*

Die Hirten lagern auf dem Feld,
Friede sei mit der ganzen Welt!
So hören sie aus Engels Mund,
der ihnen gibt die Botschaft kund.

4. Szene

(Maria und Josef sitzen auf einem Strohballen. Davor die Krippe mit dem Jesuskind. Die Stallknechte stehen wieder an ihrer Seite. Der Sternträger steht seitlich dahinter. Die Hirten gehen von der Seite auf die Krippe zu und verneigen sich vor dem Kind. Dann sprechen sie zum Publikum gewandt:)

7. Hirte: Ein Engel hat uns hergeschickt.

8. Hirte: Wir wollen euer Kind anbeten.

9. Hirte: Jesus ist unser Friede.

(Alle anderen Spielerinnen und Spieler kommen jetzt auch zum Stall. Es wird von jemand die Weihnachtsgeschichte in Lukas 2,16–20 vorgetragen.)

4. STROPHE: *(Die Strophe wird wieder einmal vorgesungen.)*

In einer Krippe liegt das Kind
auf Heu und Stroh und spürt den Wind,
der mit den Hirten eingekehrt,
so hat uns Lukas doch gelehrt.

Benjamin findet wieder Mut

Britta Schönberger

Vorbemerkung

Wie finde ich Mut zum Leben, wie kann ich dem Leben vertrauen? Viele Menschen sind misstrauisch und vorsichtig geworden. Manche Eltern neigen aus Furcht vor Gefahren, denen Kinder heute ausgesetzt sind, zu Überbehütung und begleiten ihre Kinder möglichst auf Schritt und Tritt.

Kann man mit Angst umgehen lernen und kann der Glaube dazu helfen? Dieses Thema steht hinter diesem Stück. Weil Gott Mensch geworden ist, weil er sich den Gefahren und der Bosheit in unserer Welt ausgesetzt hat, können auch wir den Gefahren ins Auge schauen und Leben freudig wagen.

Das Stück erzählt von Benjamin, einem Jungen aus Bethlehem, dem der Mut zum Leben genommen wurde. Die Begegnung mit dem Kind in der Krippe hilft ihm, den Schritt ins Leben zu wagen.

Worte vor allem aus dem Johannesevangelium, die von Engeln gesprochen werden, wollen – während des Spiels der Kinder – den Erwachsenen die Weihnachtsbotschaft tiefer aufschließen.

Auf der Spielfläche ist eine kleine Stube und nebenan ein Stall mit Strohballen und einer Krippe zu sehen. In der Stube steht ein Tisch mit drei oder vier Stühlen.

Maria und Josef sitzen seitlich von der Krippe, damit die ankommenden Weisen und Hirten nicht vom Publikum weg sprechen müssen.

Eine musikalische Begleitung, z.B. beim Auftritt der Engel mit Klangstäben, Flöten oder Rhythmusinstrumenten kann jede Spielgruppe nach ihren eigenen Möglichkeiten einfügen.

Personen:

Benjamin (ein kleiner Junge zwischen 8 und 10 Jahre)
Mutter von Benjamin
Vater von Benjamin
Maria
Josef
Drei Weise aus dem Morgenland
Drei Hirten
Vier Engel
Erzähler

1. Szene:

(Vier Engel treten hoheitsvoll mit Kerzen in den Händen vor den Altar.)

1. Engel: Im Anfang war das Wort, und das Wort war bei Gott, und Gott war das Wort. (Joh 1,1)

2. Engel: In ihm war das Leben, und das Leben war das Licht der Menschen. (Joh 1,4)

3. Engel: Und das Licht scheint in der Finsternis, und die Finsternis hat es nicht ergriffen. (Joh 1,5)

4. Engel: Er war in der Welt, und die Welt ist durch ihn gemacht, aber die Welt erkannte ihn nicht. (Joh 1,10)
(Die Engel treten ab. Der Erzähler tritt auf.)

Erzähler: In einer kleinen Stadt namens Bethlehem lebt Benjamin mit seinen Eltern. Es ist eine harte Zeit. Der römische Kaiser herrscht über Israel. Immer wieder ziehen schwer bewaffnete Soldaten durch die Straßen und verbreiten Angst.
Etwa zwei Jahre ist es jetzt her, da wurde Benjamin von den Soldaten überrascht. Er spielte ganz versunken mit einer Tonschüssel, in der er Erde und Wasser mischte, um daraus eine Burg zu formen. Ein Soldat rief ihm zu, er solle sofort die Straße frei machen. Benjamin drehte sich erschrocken um und dabei flog die Tonschüssel mit der feuchten Erde genau auf die strahlende Rüstung des Soldaten. Wütend schimpfte der Soldat in einer fremden Sprache und stieß den kleinen Jungen mit einem heftigen Schlag zu Boden. Die Truppe zog weiter. Benjamin blieb bewusstlos und schwer verletzt liegen. Der Vater trug seinen Sohn ins Haus, die Mutter weinte. Die Verletzungen heilten, aber die Angst blieb.
Seitdem traute sich Benjamin nicht mehr auf die Straße. Er blieb im Haus, im kleinen Garten oder im Stall bei den Tieren.
(Erzähler ab. Benjamin ist im Stall. Seine Mutter sucht ihn und ruft.)

Mutter: Benjamin, wo bist du denn?

Benjamin: Im Stall. Ich gebe den Tieren frisches Stroh und lege Heu in ihre Krippe.

Mutter: *(Sie ist inzwischen in den Stall gekommen.)*
Füttere doch bitte noch die Hühner und die Gänse.

Benjamin: Ja, gleich! Ich bin noch nicht fertig. Ich will, dass unsere Kuh und die Schafe es sauber und schön haben.

Mutter: Benjamin, du sorgst wirklich gut für die Tiere.

Benjamin: Es sind meine besten Freunde.

Mutter: Ja, mein Lieber.
(Sie streicht ihm traurig über den Kopf.)
Wenn du nur auch andere Freunde hättest. Du bist jetzt schon so groß. Du könntest mit den anderen Jungen auf die Weiden gehen und unsere Schafe hüten.

Benjamin: Nein, ich gehe nicht.

Mutter: Auf den Weiden bist du sicher.

Benjamin: Ich geh nicht. Lass mich!

Mutter: Ist ja schon gut. Du bist mir auch hier eine große Hilfe.
(Die Mutter geht zurück in die Stube. Benjamin kümmert sich weiter um die Tiere.)

● Lied: »Macht hoch die Tür«, EG 1,1–3; GL 107,1–3

2. Szene:

(Die Engel treten wieder mit brennenden Kerzen in den Händen auf.)

1. Engel: Er kam in sein Eigentum, und die Seinen nahmen ihn nicht auf. (Joh 1,11)

2. Engel: Wie viele ihn aber aufnahmen, denen gab er Macht, Gottes Kinder zu werden, denen, die an seinen Namen glauben. (Joh 1,12)

3. Engel: Und das Wort ward Fleisch und wohnte unter uns, und wir sahen seine Herrlichkeit, eine Herrlichkeit als des eingeborenen Sohnes vom Vater, voller Gnade und Wahrheit. (Joh 1,14)

4. Engel: Und von seiner Fülle haben wir alle genommen, Gnade um Gnade. (Joh 1,16)
(Engel gehen.)

Erzähler: In Bethlehem breitet sich eine ruhige und friedliche Abendstimmung aus. Die Tiere fressen zufrieden ihr Heu. Benjamin hat alles für die Nacht vorbereitet und kommt nun selber hungrig in das kleine Häuschen.

(Erzähler geht ab. Benjamin kommt müde aus dem Stall in die Stube. Vater und Mutter haben den Tisch gedeckt.)

Vater: Hast du deine Arbeit gemacht?

Benjamin: Ja, es ist alles fertig. Das Stroh ist aufgeschüttet und frisches Heu ist in der Krippe.

Vater: Gut, mein Sohn! Komm, setz dich an den Tisch, wir wollen essen.

Mutter: *(verteilt Brot und Schüsseln)* Ich hoffe, es ist genug. Unsere Kuh gibt zur Zeit nicht viel Milch.

Vater: Ja, sie müsste auch auf die Weide. Dort wächst das erste frische Gras.

Benjamin: Ich rupfe ihr immer etwas Gras am Rand des Gartens ab.

Vater: Das reicht ihr nicht mehr.

Mutter: Vielleicht nimmt sie der Nachbarsjunge morgen mit seinen Tieren mit.

Vater: *(seufzt)* Ja, man kann ihn fragen.

(Maria und Josef haben sich inzwischen dem Haus genähert. Sie klopfen an die Tür.)

Benjamin: *(erschrocken)* Es hat geklopft, wer kommt denn noch?

Vater: Mach mal auf!

Benjamin: *(ängstlich)* Nein, Vater, geh du.

Vater: *(geht zur Tür und öffnet)* Wer seid ihr?

Josef: Ich bin Josef aus Nazaret und das ist Maria, meine Frau. Sie ist schwanger.

Vater: Was wollt ihr denn?

Josef: Wir müssen uns in Bethlehem eintragen lassen. Wir sind weit gereist und müde. Wir brauchen einen Platz für die Nacht.

Mutter: *(kommt zur Tür)* Wir haben hier drinnen keinen Platz. Es reicht gerade für uns.

Maria: Komm, Josef, dann müssen wir noch an anderer Stelle fragen.

Mutter: Es tut mir so leid. Ich sehe, ihr seid ganz erschöpft.

Benjamin: Mutter, schick sie doch nicht weg in die kalte, dunkle Nacht.

Mutter: Ja, was sollen wir denn machen?

Benjamin: Im Stall ist doch noch Platz. Wir können ihnen ein Bett aus Heu machen.

Vater: Wollt ihr denn in unserem Stall übernachten?

Josef: Wir sind dankbar für jeden friedlichen Platz.

Vater: Dann kommt hier rüber, im Stall habt ihr es warm. Benjamin komm und hilf uns!

Mutter: Ich bringe euch Decken und eine warme Suppe.

Maria: Gott möge euch segnen dafür.

(Der Erzähler tritt wieder auf. Im Stall und in der Stube kehrt Ruhe ein. Benjamin bleibt im Stall bei den Tieren.)

Erzähler: Maria und Josef finden einen guten Platz im Stall. Benjamin und seine Eltern bringen, was sie entbehren können, um es ihren Gästen behaglich zu machen.
Benjamin will diese Nacht in der Nähe der Gäste bleiben. Er macht sich ein Lager bei seinen Tieren.
Als die Nacht hereinbricht, kommt die Zeit, dass Maria gebären soll. Und sie gebar ihren ersten Sohn und wickelte ihn in Windeln und legte ihn in eine Krippe.

(Während des folgenden Liedes können Maria und Josef ihr Kind in die Krippe legen. Der Erzähler tritt nur zur Seite.)

● Lied: »Stille Nacht, heilige Nacht«, EG 46,1–3; GL 145,1–3

3. Szene:

(Die Engel treten wieder auf.)

1. Engel: Fürchtet euch nicht! Siehe, ich verkündige euch große Freude, die allem Volk widerfahren wird. (Lk 2,10)

2. Engel: Denn euch ist heute der Heiland geboren, welcher ist Christus, der Herr, in der Stadt Davids. (Lk 2,11)

3. Engel: Und das habt zum Zeichen: Ihr werdet finden das Kind in Windeln gewickelt und in einer Krippe liegen. (Lk 2,12)

4. Engel: Ehre sei Gott in der Höhe und Friede bei den Menschen seines Wohlgefallens. (Lk 2,14)

(Die Engel schreiten wieder weg. Der Erzähler tritt vor. Während er spricht, kommen die Hirten und die Weisen heran.)

Erzähler: Benjamin kann seinen Augen nicht trauen. Plötzlich wird es hell über dem Stall und die Luft scheint wie erfüllt von himmlischem Gesang. So etwas Schönes hat er noch nie gehört. Vorsichtig wagt er sich etwas weiter heraus.
Da kommen viele Menschen auf den Stall zu. Zunächst erkennt er die Hirten vom Felde, dahinter kommen edle Fremde.

(Die Hirten betreten den Stall und knien an der Krippe nieder.)

1. Hirte: Du bist der gute Hirte. Du kennst uns und wir kennen dich. (nach Joh 10,14)

2. Hirte: Wir hören deine Stimme und folgen dir. (nach Joh 10,27)

3. Hirte: Du gibst uns das ewige Leben, und wir werden nicht mehr umkommen, und niemand wird uns aus deiner Hand reißen. (nach Joh 10,28)

(Die Hirten treten zur Seite und die drei Weisen aus dem Morgenland kommen herein. Sie verbeugen sich nacheinander vor dem Kind in der Krippe.)

Kaspar: Du bist der neugeborene König der Juden. Wir haben deinen Stern gesehen im Morgenland und sind gekommen, dich anzubeten. (nach Mt 2,2)
Nimm als Geschenk dieses Gold.
(Er verbeugt sich und stellt ein Kästchen mit Gold vor der Krippe ab.)

Melchior: Du bist das Licht der Welt. Wer dir nachfolgt, der wird nicht wandeln in der Finsternis, sondern wird das Licht des Lebens haben. (nach Joh 8,12)
Nimm als Geschenk diesen Weihrauch.
(Er verneigt sich tief und stellt ein Weihrauchgefäß ab.)

Balthasar: Du bist ein König, aber dein Reich ist nicht von dieser Welt. Du bist geboren und in die Welt gekommen, damit du die

Wahrheit bezeugen sollst. Wer aus der Wahrheit ist, der wird deine Stimme hören. (nach Joh 18,36 u. 37)
Nimm als Geschenk und Zeichen meiner Anbetung diese Myrrhe.
(Er verneigt sich bis zum Boden und legt die Myrrhe ab.)

Maria: Habt Dank für eure Worte und eure Geschenke. Ich will alles in meinem Herzen bewahren und eure Worte später an meinen Sohn weitergeben.

● Lied: »Ich steh an deiner Krippen hier«, EG 37,1+3+4; GL 141, 1+3+4

4. Szene:

(Die Engel treten wieder auf.)

1. Engel: Er ist der Weg und die Wahrheit und das Leben; niemand kommt zum Vater denn durch ihn. (nach Joh 14,6)

2. Engel: Seinen Frieden gibt er euch. Nicht gibt er, wie die Welt gibt. Euer Herz erschrecke nicht und fürchte sich nicht. (nach Joh 14,27)

3. Engel: In der Welt habt ihr Angst, aber seid getrost, er hat die Welt überwunden. (nach Joh 16,33)

4. Engel: Ein neues Gebot gibt er euch, dass ihr euch untereinander liebt, wie er euch liebt. Daran wird jedermann erkennen, dass ihr seine Jünger seid, wenn ihr Liebe untereinander habt. (nach Joh 13,35)

(Die Engel gehen ab. Der Erzähler tritt vor. Während er spricht, können auch andere Kinder zur Krippe kommen und sich vor dem Kind verneigen.)

Erzähler: Viele Menschen aus der Nachbarschaft kommen noch, staunen, verneigen sich vor dem Kind, treten verwundert zurück und unterhalten sich leise miteinander. Das Unfassbare geschieht! Gott wird Mensch und seine Herrlichkeit bricht herein in die Welt, wie sie ist.
Benjamin hat das alles mit angesehen. Jetzt, als sich die letzten vom Kind in der Krippe verabschieden, kommt er heraus aus seinem Versteck. Er wagt nun, auch zu dem Kind an die Krippe zu treten.

Benjamin: Du bist also unser König und kommst direkt aus dem Himmel von Gott? Warum bist du denn nicht im Himmel geblieben? Hier auf dieser Welt ist es doch ärmlich für dich und gefährlich. Du bist noch so klein.

Erzähler: In diesem Moment schaut das Jesuskind den Benjamin direkt an: Sein Blick ist ruhig und ganz voller Vertrauen.

Maria: Du kannst ihn ruhig auf den Arm nehmen.

Benjamin: *(Freudig, aber noch unsicher)* Du meinst, das kann ich?

Maria: Halte ihn so im Arm. *(Sie gibt ihm das Baby auf den Arm.)*

Benjamin: *(glücklich)* Er sieht mich so strahlend an, obwohl ich ihm doch ganz fremd bin.

Maria: Er sieht dich, wie Gott dich sieht: voller Vertrauen.

Benjamin: Ist es ihm gar nicht unheimlich auf der Erde?

Maria: Die Erde, auf die er gekommen ist, gehört Gott, seinem Vater. Was sollte ihm da unheimlich sein?

Benjamin: Es gibt hier viele böse Menschen.

Maria: Ja, sie haben sich verirrt und Gottes gute Führung verlassen.

Benjamin: Sie sind so stark und haben gefährliche Waffen.

Maria: Sie haben äußerlich gesehen zwar viel Macht, aber ihre Seele leidet unter der Verlorenheit.

Benjamin: Ich habe vor ihnen Angst und verstecke mich.

Maria: Ja, schütze dich vor ihnen, aber gib ihnen keine Macht über dich.

Benjamin: Was soll ich denn tun?

Maria: Gott will, dass du lebst! Vor diesem Leben darfst du dich nicht verstecken, auch wenn es dir manchmal Angst macht.

Benjamin: Was kann ich denn tun, wenn die Angst kommt?

Maria: Folge der Angst, denn sie warnt dich vor Gefahren. In deinem Herzen aber vertraue auf Gottes Liebe, dann bleibst du mutig und frei.

Benjamin: *(schaut wieder auf das Jesuskind)*
Das Kind sieht mich so an, als würde es mir vertrauen.

Maria: Er traut dir. Er traut dir zu, ihn sicher zu halten.

Benjamin: Ehrlich?

Maria: Ganz gewiss.

Benjamin: Ich will mich auch mal wieder sicher fühlen.

Maria: Gott hält dich in seinen Armen, wie du das Baby jetzt hältst.

Benjamin: Das ist schön! Ich lege dein Baby jetzt zurück in die Krippe und gehe auch schlafen. Morgen brauche ich Kraft. Morgen gehe ich mit der Kuh und den Schafen raus auf die Weiden.

● Lied: »Jauchzet, ihr Himmel«, EG 41; GL 144

Jesus, der Heiland, kommt zur Welt

Bernhard Kurrle

Vorbemerkung

Das folgende Lesestück stammt aus einem größeren (ansonsten unveröffentlichten) Werk des Autors mit dem Titel »Ein Mann namens Jesus«. In persönlicher Auseinandersetzung mit dem Jahr der Bibel 2003 hat der Autor das Leben Jesu von den Anfängen bis zu Tod und Auferstehung betrachtet.

Der Autor wollte keine hintersinnigen, eigenen Interpretationen des biblischen Textes liefern und ist deshalb sparsam mit erzählerischem Beiwerk umgegangen.

Reim und Rhythmus sollen das Charakteristische der jeweiligen Person unterstreichen und wechseln deshalb entsprechend. Durchgehalten wird ein ruhig fließender Rhythmus für die Sprecher.

Die Möglichkeit biblische Texte in verteilten Rollen vorzutragen, fördert die Lebendigkeit und weckt hoffentlich auch das Interesse, den Text nochmals in der Bibel nachzulesen.

Das Lesestück kann bei verschiedenen Gemeindeveranstaltungen mit Erwachsenen zum Vortrag gebracht werden: Frauen- und Seniorenkreise, Gemeindeadvent, Weihnachtsfeiern in Vereinen und Betrieben u.a.

Auch wenn »Myrrhe, Stall und Krippenstroh« ansonsten Kinder als Akteure und Adressaten im Blick hat, wurde dieser Text wegen seiner guten sprachlichen Qualität aufgenommen. Für die Leserinnen und Leser, die nicht nur in der Arbeit mit Kindern Advent und Weihnachten zu gestalten haben, sondern auch mit anderen Gruppen, wird es ein willkommener Zusatznutzen des Buches sein.

Personen:

(Mit wie vielen Sprecherinnen und Sprechern man das Lesestück sprechen möchte, muss man vorher festlegen. Personengruppen wie z.B. die »himmlischen Heerscharen« sprechen den dort angegebenen Text gemeinsam.)

1.–3. Erzähler	Engel
Kaiser Augustus	Die himmlischen Heerscharen
Zeloten	Bürger von Bethlehem
Josef	1.–3. Astrologe
Maria	Herodes
1.– 4. Hirt	Die Schriftgelehrten

1. Auch ein Kaiser hat Geldsorgen

1. Erzähler: Will Rom sein Weltreich auch behalten
und schließlich mit Gewinn verwalten,
da braucht's:
zuerst Soldaten, die marschieren,
danach:
Finanzbeamte zum Kassieren.
Augustus fasst drum den Beschluss:

Kaiser Augustus: »Publius Quirinius,
bewährt im Staat
als Offizier
und als Legat.
Der Mann soll mir
in Syrien
vor allen Dingen
Geld in die Kasse bringen.
Nicht mit Gewalt,
auch nicht mit List,
- so weit das halt
beim Steuereinzug möglich ist.

1. Erzähler: Quirinius weiß sich gefordert:
Er managt, er befiehlt, beordert -
es muss Geld in des Reiches Topf!
Und so berechnet er pro Kopf,
was ihm scheint angemessen recht.
Jetzt gilt es alle zu erfassen,
jedweden Mann samt Weib und Knecht.
Ein jeder muss bekunden lassen,
dass es ihn gibt und zwar
im Bürgeramte jener Stadt,
wo er vor Tag und Jahr
geboren wurde, Heimrecht hat.
Vielleicht sogar noch Gut und Geld,
ein Häuschen auch, ein kleines Feld.
Dem Staat soll ja nicht unbesehen
etwas entgehen.
Obgleich bedachtsam so geboten,
reizt der Befehl die Eiferer, Zeloten,
zum neuen Schwur im Untergrund:

Zeloten: Die große Stund',
sie kommt,
sie kommt!
Da schmeißen wir das Römerheer
ins Mittelmeer!

2. Josef, gehorsam gegen Kaiser und Gott

2. Erzähler: Der junge Josef zieht alsdann
– er ist gelernter Zimmermann –
von Nazaret nach Bethlehem.
Die Sache ist zwar unbequem,
kein urlaubfrohes Reiseglück:
zu Fuß dorthin, zu Fuß zurück,
viel mehr als hundert Kilometer –
da stöhnt und schimpft doch jeder!
Doch diesen Josef plagt noch mehr
die ganz besondere Beschwer:
Da reist mit ihm auch seine Braut
Maria. Noch nicht angetraut
und trotzdem schwanger ist die Frau!
Von wem –

Josef: Ich weiß es nicht genau.
Ganz Sonderbares ist geschehen
vom Himmel her – 's ist nicht zu fassen!

2. Erzähler: Der Josef hätt', was zu verstehen,
fast um ein Haar Maria sitzen lassen,
wollt' sich verdrücken ganz im Stillen.
Doch nein! Und also wird er nun
des Kaisers und auch Gottes Willen
gehorsam tun.
Nach Bethlehem reicht's grad hinein –
da ruft Maria:

Maria: Gott, ich spüre
die Wehen, Josef, setzen ein!

2. Erzähler: Der rennt und klopft an jede Türe.
Die Häuser aber, welch ein Jammer

– meist haben sie nur eine Kammer –
mit Mensch und Tier ganz übervoll!
Wie da jemand gebären soll!?
Es bleibt zuletzt ein Notquartier,
ein Stall, nur eine Höhle schier.
Kaum noch erreicht – und schon
kommt er zur Welt: ein Sohn!
Die erste Bettstatt für das Kind:
der Futtertrog von Ochs und Rind.

3. Die Hirten, das sind doch die Letzten

3. Erzähler: In eben dieser selben Nacht
steht eine Herde, gut bewacht
von Hirten und von Hunden,
ein wenig talwärts, weiter unten
von Bethlehem. Es ist bekannt,
die Hirten treiben allerhand
Verbotenes: betrügen, saufen,
sie stehlen, fluchen, raufen.
So etwas kommt halt dann heraus,
nützt schamlos man die Knechte aus -
und ist der Ruf erst mal ruiniert,
lebt man bekanntlich ungeniert.
Sie hocken da am Lagerfeuer,
die Hirten, und die Scheite hellen
ein wenig nur ...

1. Hirte: ... die Hunde bellen?!

2. Hirte: Gewitterblitze!

3. Hirte: Feuer!

4. Hirte: Licht!

1. Hirte: O Gott, wir sind verloren!

Engel: Fürchtet euch nicht,
euch ist heute der Heiland geboren!

3. Erzähler: Ein Engel ist es, der so spricht,
aus einer strahlend lichten Wolke.

Engel: Fürchtet euch nicht!
Freude dem ganzen Volke.
Ein Kind in die Krippe gebettet –
dann wisst, wenn ihr dieses seht:
Er ist's, der die Welt errettet.
Nun macht schon voran und geht.

3. Erzähler: Und plötzlich war da rings umher
ein riesengroßes Engelheer.
Und das begann mit Macht zu loben:

Die himmlischen Heerscharen:
Ehre sei Gott
im Himmel droben.
Und unten auf Erden
soll Frieden werden,
den Menschen allen
ein Wohlgefallen.
Ehre sei Gott!

3. Erzähler: Und wie sie kam, die Himmelsmacht,
ist sie hinweg – nur dunkle Nacht.
Die Hirten stehen, atmen kaum,
sind wie erstarrt. War es ein Traum?
Nein!
Sie schrei'n:

1. Hirte: Auf, lasst uns gehen,

2. Hirte: sehen,
was denn geschehen!

3. Hirte: Auf!

4. Hirte: Hinauf,
nach Bethlehem hinein!

1. Hirte: Dort muss es sein!

3. Erzähler: Die Hirten bergwärts hasten, laufen,
als gäb es was umsonst zu kaufen.
Sie suchen, suchen bis ganz hinten –
und finden
Maria, Josef. Und das Kind –

in einer Krippe bei dem Rind,
o Mann!
Die Hirten, sie erzählen dann,
was ihnen, so vor einer Stund'
etwa, ein Engel machte kund
im Tal, auf jener Weide dort.
Maria merkt sich Wort für Wort.
Es tagt. Und auf dem Heimweg dann
die Hirten sagen's jedem Mann,
ach was, sogar auch jeder Frau
und zwar bis auf den Punkt genau,
was diese Nacht geschehen,
was sie gehört und auch gesehen.
Doch kennt man ja in Bethlehem
die Hirten: lästig, unbequem,
von Gottesfurcht nicht eine Spur ...

Bürger von Bethlehem: *(sie sprechen durcheinander)*
... Hört nur,
Leute!
Die Kerle gestern noch
böse. Heute
was Wunder doch:
lammfromm und brav!
Ein schwarzes Schaf
grad über Nacht
in weiße Wolle gebracht?
Wer's glaubt!
Zweifel sind wohl erlaubt ...

3. Erzähler: Die Hirten mit den Hunden,
sie weiden weiter unten
die Herden, nahe Bethlehem.
Doch nichts ist mehr wie ehedem,
auch wenn's dieselben Schafe sind ...

1. Hirte: Wir glauben dem Kind ...

2. Hirte: in Gottes Namen!

3. Hirte: Halleluja,

4. Hirte: Amen!

4. Astrologen aus Babylon kommen nach Bethlehem

1. Erzähler: Es wissen im Staat Babylon
gelehrte Herrn seit langem schon:
Ein König kommt, Messias gar,
und zwar im Westen, das ist klar.
Genaue Daten, Zeit und Ort,
wird man noch in den Sternen lesen.
Sind die bekannt, dann nichts wie fort.
Es ist schon immer so gewesen:
Bei hohen Herren erste sein
zum Ehr bezeugen, bringt was ein.
Und also wird mit Fleiß gewacht,
der Himmel abgesucht bei Nacht.
Bereit steht schon Kamel und Ross –
gut fünfzehn Stück, ein ganzer Tross.
Dabei in Truhen wohlverwahrt
Geschenke, teuer! Nein, gespart
wird nicht bei dieser Reise.
Man zeigt auf diese Weise,
dass erstens man den Hohen ehrt
und zweitens selber auch was wert.
Ein Goldgeschenk, wie Sonnengleis.
Und Weihrauchharz: gelb, rötlich, weiß;
Und Myrrhen-Balsam. Räucherduft,
entzündet man's, erfüllt's die Luft.
Jetzt, Achtung! Hell zwei Sterne flammen:
Saturn, Jupiter geh'n zusammen
und neigen sich nach Westen hin.

1. Astrologe: Auf, wir ziehn!

2. Astrologe: Weit wird der Weg und unbequem.

1. Astrologe: Trotzdem,
auf!

3. Astrologe: Richtung Jerusalem!

1. Erzähler: Und irgendwann kommt man dort an,
fragt einen ersten, zweiten Mann:

1. Astrologe: Wo, wo ist es? Wo ist's geschehen?
Seinen Stern – wir haben den Stern gesehen!

1. Erzähler: Man fragt noch zwei, ach was, viel mehr,
wo denn das Kind geboren wär'.
Gewiss, es sei noch schwach und klein,
doch würde es einst König sein
der Juden und ein großer Held
für alle, für die ganze Welt.
Es breitet sich die Nachricht aus
grad wie im Flug, von Haus zu Haus.

Bürger von Jerusalem: *(sie reden erregt durcheinander)*
He,
bald schon
auf dem Thron
hat ein andrer das Sagen.
Pst!
Leise.
Auf diese Weise
bringst' dich um Kopf und Kragen!
He!
Wer, woher?
Weißt du noch mehr,
Mann?!
Kann man schon sagen,
wann,
wann es geschieht:
in Jahren, Wochen, Tagen?

5. Die Astrologen aus Babylon bei Herodes

2. Erzähler: An der geheimen Polizei
des Königs geht gar nichts vorbei.
Nach einer knappen halben Stunde
hört auch Herodes diese Kunde.
Als Römerfreund und Edomiter,
ein halber Jude nur, ein Zwitter,
sind ihm kaum Freunde mehr geblieben.
Gealtert ist er. Umgetrieben
von Angst: Verliert er noch die Macht?
Er weint, er schreit, er tobt, er lacht ...

Herodes: Ein Kind
– ihr spinnt! –
soll mich,

lächerlich!,
Herodes den Großen,
vom Throne stoßen!?

2. Erzähler: Jedoch lässt er in Eile kommen
die Hohenpriester und die frommen
Gelehrten. Jeder von denselben kennt
das ganze alte Testament
auf Komma, Punkt, von vorn bis hinten.
So werden sie auch Antwort finden
auf die gestellte Königsfrage:

Herodes: Sagt: Wo um's Himmelswillen,
heimlich vielleicht, im Stillen,
irgendwo auf der Erde
der Messias geboren werde?

2. Erzähler: Da sprachen die gelehrten Herrn
voll Angst und doch zugleich auch gern:

Die Schriftgelehrten:
Zu Bethlehem im jüdischen Land,
so ist's beim Propheten zu lesen:
O Bethlehem, gar klein und verkannt,
du bist zu Großem erlesen.
Jetzt wird dein Name weltweit genannt,
selbst bei den fernsten der Heiden.
Aus dir kommt ein Herr im höchsten Stand,
wird Gottes Israel weiden.

2. Erzähler: Bei Nacht und Nebel lässt man dann
die Astrologen, Mann für Mann,
ganz heimlich zu Herodes rufen.
Der steht auf des Palastes Stufen,
empfängt sie dort, er bittet sie
persönlich, freundlich – und das wie! –
zur Audienz im großen Saal.
Bei einem festlich, reichen Mahl
fragt er die Herren nebenbei,
wie das denn so gewesen sei:
Wer jenen Stern zuerst gesehen,
und wie es überhaupt geschehen.

Ein jeder in dem Saale spürt,
der König ist tief angerührt,
als er die Herrn aus Babylon
nach einer guten Stunde schon,
bedrängt, nach Bethlehem zu eilen
und unterwegs nicht zu verweilen ...

Herodes: Geht, ihr klugen Herren, geht.
Bitte, forscht und sucht und seht
– Bethlehem, das liegt dort hinten!
Lässt das Kind sich finden,
kommt zurück, sagt mir den Ort.
Ach, ich werde – auf mein Wort!,
eilends dorthin ziehen,
vor dem Kinde knieen,
laut bekunden, wie's denn recht:
Du mein Herr und ich dein Knecht.

6. Die Astrologen aus Babylon finden das Kind

3. Erzähler: Die Sache nimmt jetzt ihren Lauf:
Die Astrologen brechen auf,
und sieh, der Stern, vor Wochen schon
entdeckt im fernen Babylon,
vor ihnen wandert, weiter geht,
bis er verharrt und stille steht.
Die Astrologen jubeln laut:

Die Astrologen reden begeistert durcheinander:
Dort,
schaut!,
dort ist der Ort!
Auf, hinein
nach Bethlehem;
vorwärts, fort!
Dort
das Haus, das muss es sein.

3. Erzähler: Die Weitgereisten treten ein.
Sie seh'n das Kind, die Mutter auch,
Maria. Und wie es der Brauch,

dem König Ehre zu erweisen,
so knien sie nieder und sie preisen,
dass sie ans Ziel gekommen sind
beim Gotteskind.
Dann breiten sie Geschenke aus:
Das Gold! Und Weihrauch, Myrrhenduft
durchzieht das kleine Königshaus.
Man bleibt, lobpreist, bis einer ruft:

1. Astrologe: Freunde, auf, es ist Zeit.
Freunde, weit ist es, weit
bis in die Heimat zurück.

2. Astrologe: Mit uns jedoch reist das Glück:
Wir sahen das Kind!

3. Astrologe: Auf, bei Herodes vorbei,
melden, dass es so sei:
Es gibt das Kind!

3. Erzähler: Die Astrologen, diese braven,
sie gehen alle zeitig schlafen.
Denn 's geht in aller Frühe schon
zurück in Richtung Babylon.
Im Traum jedoch, ganz glockenklar,
erhalten sie Befehl – und zwar:
Herodes nichts vom Kind zu sagen.
Die Astrologen hören drauf.
Schon wird es hell, beginnt zu tagen –
man bricht in aller Eile auf,
beschließt, dem Traume folgend dann
gleich hinter Bethlehem, sobald man kann,
vom wohlbekannten Wege abzubiegen
und lässt Jerusalem links liegen.

III. Freue dich, du Christenheit!

Lara sucht das Christkind

Britta Schönberger

Vorbemerkung

Das Christkind suchen. Ein schöner Kindertraum? Oder kann man seine Spuren doch in unserem Lebensalltag entdecken?
Ist es nicht da, wo aus Begegnungen neuer Lebensmut erwächst, wo Beziehungen wieder ins Reine kommen, wo Vorurteile neuen Einsichten weichen? Doch kein Kindertraum?
Lara findet das Christkind nicht so, wie sie sich das vorgestellt hat, aber am Ende weiß sie: Er ist schon ganz nah.
Dieses Weihnachtsspiel verändert oft die Umgebung. Daher sollte das Bühnenbild möglichst einfach gestaltet sein. Ein paar Tische und Stühle, die man umstellen kann, genügen.

Personen:
Erzähler
Lara (8–10 Jahre alt)
Mutter von Lara
Ein Mann
Eine Frau
Ein Ehepaar
Ein kleiner Junge (etwa 7 Jahre alt)

Prolog

Erzähler/in: Endlich, endlich ist der 24. Dezember, Weihnachten, Heiligabend, der schönste Tag im Jahr.
Lara ist schon seit Wochen ungeduldig und kann es kaum erwarten, dass es Abend wird und das Christkind kommt.
Seit Wochen freut sie sich schon, hat mit der Mutter Weihnachtsplätzchen gebacken und mit der Oma Sterne gebastelt.
Aber nun verrinnen die Minuten im Schneckentempo. Es ist erst früher Nachmittag, Lara wartet in ihrem Zimmer, kein Spiel kann ihr heute gefallen.
Die Mutter bereitet das Essen vor und hat viel zu tun. Der Vater ist weggefahren, um die Großeltern abzuholen. –
Da fasst Lara einen Entschluss.

Lara: Mama, ich gehe noch etwas raus.

Mutter: Wo willst du denn hin?

Lara: Ich halte es hier drin nicht mehr aus. Ich gehe nur etwas spazieren.

Mutter: Zieh dir die warme Jacke an und die Stiefel, es hat wieder geschneit.

Lara: Dann nehme ich die Handschuhe in meiner Umhängetasche mit.

Mutter: Ja, Liebes, geh aber nicht zu weit. In zwei Stunden wollen wir mit den Großeltern Kuchen essen und dann in die Kirche gehen.

Lara: Du, Mama, denkst du, das Christkind würde mit zu uns kommen, wenn ich es einlade?

Mutter: Ja, aber es kommt doch jedes Jahr zu uns.

Lara: Schon, aber ich konnte es noch nie sehen. Vielleicht ist es zu müde vom vielen Weiterziehen oder es wird ihm kalt im Schnee.

Mutter: Ja, das weiß ich nicht.

Lara: Ich glaube, ich gehe ihm mal ein Stück entgegen.

Mutter: Pass aber gut auf und bleib in der Nähe!

Lara: Ja, ja, bis bald. *(Lara hat sich angezogen und geht hinaus. Sie hat eine Umhängetasche dabei.)*

1. Szene

Erzähler/in: Lara geht los, um das Christkind zu suchen. Sie spaziert durch die Straßen und schaut in die Fenster, manchmal schleicht sie sich sogar in einen Hof und erkundet verborgene Ecken.

Mann: *(Er leert einen Mülleimer aus und entdeckt Lara.)*
Na, was suchst du denn?

Lara: Ich suche das Christkind.

Mann: Was, hier bei mir im Hof?

Lara: Warum nicht? Das Christkind kommt doch heute, also muss es schon in der Nähe sein.

Mann: Also, bei mir war das Christkind schon lange nicht mehr.

Lara: Oh, dann bist du heute sicher traurig!

Mann: Nun ja, ich bin auch an den anderen Tagen nicht mehr so froh.

Lara: Hast du viele Sorgen?

Mann: Nein, eigentlich nicht. Weiß du, früher, als ich noch jünger war, war das Leben aufregend und ich hatte viele Freunde.

Lara: Und heute bist du allein?

Mann: Ja, meistens, aber das ist nicht so schlimm. Ich lebte auch früher allein, ich habe nie geheiratet und auch keine Kinder gehabt.

Lara: Magst du keine Kinder?

Mann: Doch, doch, aber meine Arbeit war mir so wichtig, wichtiger als alles andere. Ich liebte meinen Beruf.

Lara: Was hast du denn gemacht?

Mann: Ich war Grafiker, Zeichner. Ich zeichnete Bilder für Bücher, für Plakate, für Werbeposter. Ich liebte meinen Beruf und war sehr erfolgreich darin. Das war meine ganze Freude.

Lara: Und nun malst du nicht mehr?

Mann: Ich bin zu alt. Ich kam ins Rentenalter und habe meinen Beruf verlassen müssen.

Lara: Oh, wie schade. Kannst du jetzt nicht mehr malen?

Mann: Natürlich kann ich noch malen, aber niemand braucht mehr meine Bilder.

Lara: Aber vielleicht brauchen deine Bilder dich.

Mann: Wie können denn die Bilder mich brauchen?

Lara: Na, halt, um von dir gemalt zu werden.

Mann: So habe ich das noch nie gesehen. Du denkst also, es warten ein paar Bilder darauf, von mir gemalt zu werden?

Lara: Ja. Auf mich warten auch immer viele Spiele, dass ich sie mir ausdenke, und ohne mich gäbe es sie nie.

Mann: Ich glaube, du hast recht. Warum eigentlich nicht? Ich habe noch meine großen Papierblöcke für die Skizzen, meine Zeichenstifte und die wunderschönen Farben.
Du, für dich habe ich auch etwas. Warte mal einen Moment hier.
(Der Mann geht kurz weg und kommt mit einer kleinen Tüte wieder.)
Sieh mal, das ist für dich.

Lara: Was ist darin?

Mann: Goldstaub. Ganz feine Goldfarbe. Wenn du sie auf ein Bild streust, glänzt es golden wie im Märchen.

Lara: Das ist ja ein wunderschönes Geschenk. Ich danke dir sehr.

Mann: Ich danke dir vielmals. Du hast mir die Freude meines Lebens wiedergegeben.

Lara: Ich gehe jetzt weiter und suche nach dem Christkind.

Mann: Tu das. Ich will mal meine Wohnung ein bisschen schmücken, vielleicht kommt das Christkind ja heute auch wieder bei mir vorbei.

Lara: Auf Wiedersehen und schöne Weihnacht.

Mann: Auf Wiedersehen, Kind.
(Lara geht weiter, der Mann verlässt den Spielraum. Lara wandert durch die Kirche.)

● Gemeindelied: »Weil Gott in tiefster Nacht erschienen«, EG 56,1+4+5 oder »Kündet allen in der Not«, GL 106,1+2+4

2. Szene

Erzähler/in: Lara geht weiter. Sie klettert über Treppen und schaut in ein Kellerfenster. Die Tüte mit Goldstaub trägt sie gut verborgen in ihrer Tasche.
(Lara macht das, was der/die Erzähler/in sagt.)

Frau: Was schaust du so neugierig in meinen Keller?

Lara: Ich habe Licht gesehen und gedacht, vielleicht ist das Christkind vom Himmel gekommen und in deinem Keller gelandet.

Frau: In meinem Keller das Christkind? So einen Blödsinn habe ich noch nie gehört.

Lara: Die Hirten haben sich damals auch gewundert, dass das Christkind im Stall gelegen hat.

Frau: Komm nur rein, dann kannst du selber sehen, dass hier nichts ist.

Lara: *(Sie geht zu der Frau in den Keller und schaut sich bei ihr um.)* Also, das Christkind scheint hier noch nicht zu sein.

Frau: Es wird auch bestimmt nicht kommen.

Lara: Woher willst du das wissen? Hier ist es doch ganz schön.

Frau: *(streng)* Das ist ja wohl selbstverständlich.

Lara: Mein Zimmer ist manchmal unordentlich.

Frau: Da musst du aber noch viel lernen. Meine Tochter hat das Aufräumen auch lernen müssen. Da habe ich darauf bestanden.

Lara: Hat sie jetzt immer alles auch so schön aufgeräumt?

Frau: *(etwas traurig)* Das weiß ich nicht.

Lara: Wieso weißt du das nicht?

Frau: *(spricht leer, ohne Gefühl)* Sie ist nicht mehr bei mir. Sie lebt weit weg in der Stadt.

Lara: Kommt sie dich dann an Weihnachten besuchen?

Frau: Nein, wir haben seit Jahren nichts mehr voneinander gehört.

Lara: Habt ihr euch gestritten?

Frau: *(seufzt)* Das ist eine lange Geschichte!

Lara: Erzähl doch mal!

Frau: *(erzählt liebevoll)* Meine Tochter war mein ganzer Stolz. Sie war so hübsch als kleines Mädchen. Ich nähte ihr viele Kleider und band ihr bunte Schleifen in ihr langes Haar. Ach, sie sah aus wie eine kleine Prinzessin. Ich brachte ihr bei, sich ruhig zu bewegen und höflich zu antworten. Sie war das besterzogenste Kind in der ganzen Straße. Als sie älter wurde, wurde sie oft zornig, und in ihren schlimmsten Wutausbrüchen hat sie mir oft etwas kaputt geworfen.

Lara: Warum war sie denn so böse?

Frau: *(zuckt mit den Schultern)* Ich weiß nicht. Sie zog sich immer mehr zurück und sprach nicht mehr richtig mit mir. Es war, als wären wir wie durch einen tiefen Graben voneinander getrennt. Das war das Schlimmste.

Lara: Habt ihr euch denn nicht mehr lieb gehabt?

Frau: Oh doch, ich liebte meine Tochter über alles, aber ich konnte sie nicht erreichen. Sie saß oft stundenlang allein im Garten, aber wenn ich sie rief, lief sie weg. Sie wollte ihre Kleider nicht mehr tragen und auch nicht mehr aufräumen. Manchmal stritten wir dann. Als sie fertig war mit der Schule, ging sie weg in die Stadt. Seitdem höre ich nur ab und zu von Bekannten, was sie tut.

Lara: Wenn Mama und ich uns gestritten haben, dann müssen wir uns noch vor dem Schlafen vertragen, sonst kann ich nicht einschlafen.

Frau: *(wirkt erschöpft)* Ich schlafe auch nicht so gut. Ich habe gerade ihre früheren Spielsachen in den Keller geräumt. Sie kommt ja nun nicht mehr zurück.

Lara: Zeig doch mal.

Frau: Das ist die schönste Puppe, die war sehr teuer, aber die hat sie nicht gemocht. Hier ist ihr Teddy, der ist schon ganz zerrupft, den hat sie überallhin mitgenommen.

Lara: Ja, mit den hübschen Puppen muss man so vorsichtig sein, mit denen kann man gar nichts machen. Sie sind nur schön zum Ansehen. Die Teddys aber kann man drücken und festhalten, sie in die Luft werfen und in den Arm nehmen.

Frau: Daran liegt es wohl. Vielleicht habe ich meine Tochter zu oft wie eine Puppe und zu selten wie einen Teddy angesehen.

Lara: Sag ihr doch mal, dass du ihren Teddy noch hast. Vielleicht kommt sie dann zurück.

Frau: Sie muss gar nicht zurückkommen, aber ein Besuch wäre schön.

Lara: Wenn meine Mama mich ruft, gehe ich gerne zu ihr. Sie schaut mich dann so liebevoll an, egal ob ich schmutzig oder ungekämmt bin.

Frau: *(streicht dem Kind über den Kopf)* Ja, da war ich sicher oft zu streng.

Lara: Bist du denn immer noch streng?

Frau: Ich glaube nicht, dass ich damit so schnell aufhören kann. Aber das andere will ich jetzt auch: Meine Tochter lieben, wie sie ist.

Lara: Geh doch zu ihr und sage ihr das.

Frau: *(fröhlich und entschlossen)* Ja, das mache ich. Dir möchte ich gerne etwas schenken. Such dir von den Spielsachen etwas aus.

Lara: Oh wirklich? Hier ist ein Plüschaffe, der ist so weich, den hätte ich gerne.

Frau: Nimm ihn nur.

Lara: Vielen Dank. Nun muss ich weiter, das Christkind suchen.

Frau: Ja, weit kann es nun nicht mehr weg sein.

Lara: Auf Wiedersehen und schöne Weihnachten.

Frau: Ja, schöne Weihnachten, Kind.

(Lara geht wieder durch die Kirche. Die Frau winkt ihr nach und verlässt den Spielraum.)

3. Szene

Erzähler/in: Lara geht weiter die Straßen entlang, den kleinen Plüschaffen hält sie liebevoll im Arm. Plötzlich steigt ihr ein wundervoller Duft in die Nase. Sie folgt diesem Duft bis zu einer halboffenen Tür. Schon streckt sie den Kopf hinein, als ihr ein Mann stürmisch entgegenkommt und sie fast umgerannt hätte.

Mann: Hoppla, was machst du denn hier, fast wäre ich über dich gestolpert. Ist dir was passiert?

Lara: *(schaut an sich herunter)* Nein, ich glaube nicht.

Mann: Kann ich dir irgendwie helfen?

Lara: Es duftet bei dir so gut, was ist das denn?

Mann: Ach, den Duft verursacht meine Freundin, sie backt ihre seltsamen Weihnachtsplätzchen.

Lara: *(versucht den Kopf vorzustrecken)* Mmh, die sind bestimmt lecker.

Mann: Na ja, mein Geschmack ist es nicht unbedingt. Aber geh nur mal rein zu ihr, sie lässt dich garantiert probieren.

Lara: Oh toll.
(Lara geht ins Haus in die Küche.)

Frau: *(ist mitten in der Arbeit)* Hallo, wer bist du denn?

Lara: Ich heiße Lara und dein Freund sagte mir, ich könnte deine Plätzchen probieren.

Frau: Ja, wenn du magst, nimm dir ruhig ein paar. Weißt du, meinem Freund schmecken sie nicht. Er sagt immer, ich soll sie so backen, wie es seine Mutter gemacht hat. Aber dann gelingen sie mir nicht so und er wirft sie zornig auf den Tisch.

Lara: Oh je.

Frau: Seitdem backe ich die Plätzchen, die ich kenne, und er weigert sich, welche davon zu probieren.

Mann: *(kommt rein)* Deine Plätzchen sind ja auch wirklich unmöglich. Ich muss halt wieder meine Mutter bitten, mir welche zu schicken.

Frau: *(wütend)* Ja, ruf sie an und frage doch gleich, ob sie nicht deine Wäsche bügelt und deine Strümpfe stopft.

Mann: *(wütend und verletzt)* Und du, frage doch deinen Vater, ob er dir den Weihnachtsbaum schmückt. Wie ich es mache, gefällt es dir ja nie.

Frau: *(versöhnlicher)* Du suchst immer Farben aus, die nicht zusammen passen. Dann sieht er albern aus.

Mann: *(verteidigt sich)* Ich mag es halt lieber bunt.

Frau: *(einlenkend)* Siehst du, und ich mag die Plätzchen am liebsten, die ich backen kann.

Lara: Seid doch froh, dass ihr groß seid. Jetzt könnt ihr doch machen, was ihr wollt und müsst nicht mehr auf Vater und Mutter hören.

Frau: Ja, aber er tut immer so, als müsse ich alles so machen wie seine Mutter.

Mann: Und du willst, dass ich immer so bin wie dein Vater.

Lara: Ich dachte immer, wenn man groß ist, braucht man keinen Vater und keine Mutter mehr, weil man dann alles alleine kann. Dann sucht man sich einen Mann oder eine Frau und wird selber Eltern.
(Der Mann und die Frau sehen sich überrascht an. Dann hellen sich ihre Gesichter auf. Erst lächeln sie, dann lachen sie, und dann umarmen sie sich.)

Lara: Darf ich jetzt probieren?

Frau: *(greift in die gefüllte Schüssel und gibt Lara einige davon)*
Ja, ja, nimm dir.

Lara: Mmh, die sind wirklich lecker, solche habe ich noch nie gegessen.

Frau: Ja, das freut mich, ich finde sie auch gut geraten.

Mann: Vielleicht sollte ich sie auch probieren. – Mmh, mmmh, oh, die sind wirklich gut. Das hätte ich gar nicht gedacht. Da muss ich mir noch eins nehmen.

Lara: Ich gehe jetzt wieder. Ich bin nämlich eigentlich unterwegs, das Christkind zu suchen. Ich muss mich jetzt beeilen.

Frau: Willst du einige Plätzchen mitnehmen? Dann kannst du dem Christkind welche schenken, wenn du es findest.

Lara: Ja, sehr gerne.

Frau: Hier hast du eine Tüte voll.

Lara: Danke und auf Wiedersehen.

Mann: *(gibt Lara die Hand)* Wir danken dir für deinen Besuch.

Lara: Frohe Weihnachten!

Mann und Frau: Frohe Weihnachten!
(Lara geht.)

● Gemeindelied: »Ich steh an deiner Krippe hier«, EG 37, 1+3-4;
GL 141,1+3+4

4. Szene

Erzähler/in: Lara hüpft vergnügt durch die verschneite Straße. Ihre Geschenke hat sie in ihrer Umhängetasche verstaut. Auf einer Treppe sitzt ein kleiner Junge. Er hat den Kopf in die Hände gestützt und schaut traurig auf den Boden.
(Die Kinder spielen, was der/die Erzähler/in sagt.)

Lara: Na du, warum sitzt du denn hier auf der kalten Treppe?

Junge: *(traurig)* Ich soll mich die nächsten Stunden zu Hause nicht blicken lassen.

Lara: Hast du was angestellt?

Junge: Nein, meine Eltern wollen mal ihre Ruhe, ich bin oft zu laut und störe sie.

Lara: Ich bin auch manchmal laut.

Junge: *(erklärend)* Ich versuche leise zu sein und bleibe in meinem Zimmer, aber dann fällt mal was um oder mein Spielzeug macht zuviel Krach. Dann schimpft meine Mutter gleich und sagt, dass, seit ich auf der Welt bin, sie nur Ärger hat und keine ruhige Minute mehr.

Lara: Schimpft dein Vater auch?

Junge: Er sagt immer, das Theater zu Hause mache ihn noch verrückt. Manchmal bleibt er dann länger weg und meine Mutter schaut mich wütend an. Ich möchte dann ganz klein werden und mich verstecken oder weglaufen.

Lara: Weglaufen darfst du nicht, dann musst du erfrieren. Komm doch mit mir, wir suchen das Christkind.

Junge: Wo sollen wir das denn suchen?

Lara: Es kann überall hier sein. Es kommt doch heute und muss schon in der Nähe sein.

Junge: *(neidisch)* Das Christkind hat es gut. Als es auf die Welt kam, haben sich alle gefreut. Von weit her kamen die Weisen aus dem Morgenland und brachten Gold und Geschenke. Auch die Hirten kamen mit den Schafen. Die Eltern waren glücklich, ein Kind zu haben. Denkst du, dass sie schimpften, wenn es geweint hat?

Lara: Bestimmt nicht. Maria hat es doch gewiegt und ein Lied gesungen.

Junge: So schön wie das Christkind will ich es auch mal haben.

Lara: Komm, wir spielen, dass du das Jesuskind bist und ich komme und bringe dir Geschenke.

Junge: Wie sollen wir das denn machen?

Lara: Wir machen den Schnee hier weg und legen die Fußmatte auf die Stufe. Da setzt du dich dann hin und bist das Christkind.

Junge: Und du?

Lara: Ich spiele die Weisen, die Hirten und die Maria und komme zu dir.

Junge: *(munter)* Oh ja, das ist ein schönes Spiel.

Erzähler/in: Sie bereiten alles vor, wie Lara gesagt hat. Der Junge sitzt bequem und wartet auf Lara.

Lara: *(Sie schreitet würdevoll auf den Jungen zu.)*
Ich komme aus dem Morgenland und bringe dir kostbares Gold als Geschenk, denn du bist der König der Welt.

Erzähler/in: Mit diesen Worten streut Lara dem Jungen den Goldstaub über das Haar, verneigt sich und tritt zurück.

Lara: *(Sie geht leicht und langsam.)*
Ich komme von den Schafherden und bringe dir einen kleinen Affen als Geschenk, der dich unterhalten und dir Freude machen soll, denn du bist das Licht und die Liebe in unserem Leben.

Erzähler/in: Lara überreicht ihm den kleinen Stoffaffen. Dann kniet sie sich zu dem Jungen und streicht ihm über Haar und Gesicht. *(Lara tut es.)*

Lara: Du bist mein liebes Kind, ich singe dir ein Lied und gebe dir süße Speisen zum Essen, denn du bist das Glück und die Freude meines Herzens.
(Sie gibt ihm die Plätzchen, beide Kinder essen davon. Lara und der Junge bleiben nebeneinander sitzen.)

● Gemeindelied: »Stille Nacht«, EG 46,1–3; GL 145,1–3

Junge: *(glücklich)* Das war das schönste Spiel, das ich kenne.

Lara: Mir hat es auch gefallen. Wenn ich auch das Christkind jetzt nicht mehr suchen kann, war es doch fast so, als hätte ich es gefunden.

Junge: Es wird spät, wir müssen jetzt heim gehen. Sicher war ich jetzt lange genug weg.

Lara: Ja, ich muss auch schnell nach Hause. Frohe Weihnachten für dich.

Junge: Hier, deine Sachen.

Lara: Nein, behalte sie als Geschenke, die man einem Kind gibt, auf das man sehnsüchtig gewartet hat.

Junge: Danke und frohe Weihnachten.
(Beide Kinder fassen sich noch mal an beiden Händen und trennen sich dann. Lara geht durch die Kirche, der Junge schaut ihr nach und geht dann.)

Epilog

Erzähler/in: Die Kinder trennen sich und laufen nach Hause. Bald naht der Heilig-Abend. Frieden und Ruhe senkt sich über die Straßen. Lara kommt mit roten Wangen zu Hause an.

Mutter: *(beugt sich zu ihr)* Da bist du ja, ich habe schon ein bisschen auf dich gewartet.

Lara: Ich habe soviel erlebt auf meiner Suche nach dem Christkind.

Mutter: Zieh erst einmal die Sachen aus. Vater und die Großeltern sind schon da. Bald kommt ja das Christkind zu uns.

Lara: Ja, Mama. Es ist schon ganz nah.

● Gemeindelied: »O du fröhliche«, EG 44,1–3

Die Welt von morgen

Kurt Rainer Klein

Vorbemerkung

»Die Welt von Morgen« behält die Personenrollen der klassischen Weihnachtsgeschichte bei, aber stellt sie teilweise in die Lebenswelt von heute. Maria wird nicht als unnahbare »Heilige« dargestellt, sondern als nüchtern-realistische Frau, die weiß, was es bedeutet, hochschwanger in Bethlehem anzukommen und keine Unterkunft zu finden.

Die Menschen gehen ihren üblichen Geschäften nach. Die Volkszählung beschert manchem unerwarteten Reichtum. Die Weisen suchen die astrologische Sensation: die Konjunktion von Jupiter und Saturn. Was es zu bedeuten hat, wissen auch sie nicht. Die Hirten suchen Lichtblicke in ihrem harten Hirtenalltag. Der eine spielt Lotto, andere würfeln. Als das Licht hereinbricht, bleibt es vieldeutig: Ist es ein Traum oder ist es eine Botschaft an sie?

An der Krippe wird die Mehrdeutigkeit nicht genommen, aber die Hoffnung, die für alle in den Augen des Kindes sichtbar wird, verändert. Wer daran vorübergeht und dem Kind nicht in die Augen blickt, an dem geht dieses Wunder vorüber.

Personen:	Erzähler	Maria	
	1.–4. Hirte	Josef	
	1.–3. Weiser	Wirt	
		2 Kumpanen	
Symbole:	Großer Stern hängt in der Kirche.		
Requisiten:	Becher	Sternenkarte	Würfel
	Weinkrug	Krippe	Würfelbecher
	Müsli-Riegel	Stecken	

1. Szene: In der Kneipe – Die Welt von Morgen

(Zwei Kumpanen sitzen zusammen am Tisch. Der Wirt steht auf der Seite an der Theke und schenkt zwei Becher ein.)

1. Kumpane: So belebt habe ich Bethlehems Straßen noch nie erlebt. Diese Volkszählung bringt eine Menge Geld in unsere Stadt.

2. Kumpane: Du hast Recht: Der Umsatz steigt in diesen Tagen mächtig an. – Na, Wirt, wie gehen die Geschäfte?

(Der Wirt kommt zum Tisch, bringt zwei Becher mit Wein und geht dann wieder. Er macht sich weiter an der Theke zu schaffen.)

Wirt: Ich kann nicht klagen. Alle Zimmer sind belegt. Und seht euch um: die Gaststube ist voll. Nach der langen Flaute ist das ein richtiger Hoffnungsschimmer.

2. Kumpane: Ich habe heute das Geschäft meines Lebens gemacht. Die Fremden haben mir in meiner Boutique die Klamotten nur so aus der Hand gerissen. Darauf müssen wir einen trinken.
(Hebt seinen Becher und beide stoßen an.)
Prost!

1. Kumpane: Prost! Auf eine bessere Zukunft.
Letzte Woche wollte ich meinen Bioladen schon schließen. Doch heute habe ich an einem Tag mehr verkauft als in den letzten vier Wochen. Der Renner waren meine Marzipan-Müsli-Riegel.
He, Wirt, noch eine Runde auf mich.
(Der Wirt bringt drei neue Becher mit Wein, bleibt am Tisch.)

Wirt: Diese Volkszählung ist ein Segen für uns. Das Geld sitzt bei den Fremden ziemlich locker. Wenn das vorbei ist, habe ich ausgesorgt.

1. Kumpane: Du sagst es: Ich werde noch einen Bioladen in Jerusalem eröffnen. Das wird eine neue Herausforderung sein.

Wirt: Ich werde diesen Schuppen verpachten und andere für mich arbeiten lassen. Ich gehe dann nur noch Golf spielen und zum Baden am Roten Meer.

2. Kumpane: Prost! *(Alle drei stoßen miteinander an.)*
Ihr habt's ja gut vor! Ich hab' mir schon überlegt, eine Großhandelskette für feine Stoffe zu gründen. Weltweiter Versand und Verkauf.

1. Kumpane: *(lachend)* So eine Volkszählung hat schon was. Von mir aus könnte so eine Massenbewegung nach Bethlehem viel öfter stattfinden. Jedes Jahr einmal, nicht wahr!

2. Kumpane: Wir haben ja auch gut lachen. Wir ziehen den Leuten das Geld aus der Tasche und die merken es nicht einmal.

Wirt: Ist doch okay so! Die einen geben aus, die anderen nehmen ein. Das ist das Gesetz der Marktwirtschaft. Und Reichtum ist doch keine Schande. – Prost ... *(Alle prosten sich zu.)*

● Lied: »Gelobet seist du, Jesu Christ«, EG 23,1–3; GL 130,1–3

2. Szene: Maria und Josef unterwegs – Gefühle und Himmlisches

(Maria und Josef laufen den Gang in der Kirche entlang. Von einer Kassette oder CD ertönt eine Engelstimme mit Weihnachtsmusik. Es werden die Verse Lukas 1,30-33 gelesen.)

Erzähler: Und der Engel sprach zu ihr:
Fürchte dich nicht, Maria, du hast Gnade bei Gott gefunden. Siehe, du wirst schwanger werden und einen Sohn gebären, und du sollst ihm den Namen Jesus geben.
Der wird groß sein und Sohn des Höchsten genannt werden; und Gott der Herr wird ihm den Thron seines Vaters David geben, und er wird König sein über das Haus Jakob in Ewigkeit, und sein Reich wird kein Ende haben.

Maria: Wie weit ist es noch bis Bethlehem? Mein Magen knurrt vor Hunger, und ein wenig Schlaf täte mir auch gut.

Josef: Gleich sind wir da. Dann kannst du dich ausruhen von den Strapazen unserer weiten Reise.

Maria: Wenn dieser Esel doch nur nicht so störrisch wäre. Wir könnten schon längst am Ziel sein.

Josef: Ich rieche schon die Düfte Bethlehems: Menschenparfüms, Essensgerüche, Tierausdünstungen. Dazu das Gekreische im Bazar und auf den Straßen. Ich sehe das bunte Treiben lebendig vor meinen Augen.

Maria: Siehst du auch, wo wir eine Bleibe finden werden? Ich spüre, dass wir bald zu Dritt sein werden. Und dabei kommen mir andere Gedanken in den Sinn: Windeldüfte, Babyschreien ...

(Musik von der Gruppe Santana: »Maria«. Dazu wird Lukas 1,35 gelesen.)

Erzähler: Der Engel antwortete und sprach zu ihr: Der heilige Geist wird über dich kommen, und die Kraft des Höchsten wird dich überschatten; darum wird auch das Heilige, das geboren wird, Gottes Sohn genannt werden.

Josef: Mach' dir keine Gedanken. Das wird schon alles gut. Wir haben zwar kein Geld, aber dafür eine Menge Gottvertrauen.

Maria: Meinst du, das reicht, um ein Kind in die Welt zu setzen und ...

Josef: Hab' doch Vertrauen. Ich weiche nicht von deiner Seite. Du kannst dich ganz auf mich verlassen. Gott ist mit uns, Maria!

● Lied: »Fröhlich soll mein Herze sppringen«, EG 36,1–3 – oder »In dulci jubilo«, GL 142,1–3

3. Szene: Die Weisen - Der Verstand braucht Beweise

(Die Weisen kommen von der Seite und bleiben vor dem Altar stehen.)

1. Weiser: Schaut mal mit mir in diese Sternenkarte!
(Die beiden anderen Weisen stecken ihren Kopf hinein.)
Seht ihr auch, was ich da sehe?

2. Weiser: *(staunend mit aufgerissenen Augen)* Unglaublich!

3. Weiser: Ist das ein Zufall? Oder irrt unsere Karte? Ich kann es nicht glauben!

2. Weiser: Hier geht es nicht um Glauben. Hier geht es um Begreifen und Verstehen. Seht doch!

1. Weiser: Jupiter und Saturn bilden eine Konjunktion.

3. Weiser: Kannst du das nicht verständlicher ausdrücken?

2. Weiser: Er meint, dass die beiden großen Gasplaneten Jupiter und Saturn so eng zusammenstehen, dass sie von unserer Erde aus als ein riesiges Licht erscheinen.

1. Weiser: Jupiter und Saturn erscheinen als ein großer Stern am Firmament. Mit bloßem Auge sehen wir das helle Licht. Wir können es nicht übersehen.

3. Weiser: Aber was hat das zu bedeuten? Ist dies das Ende der Welt?

2. Weiser: Wenn du das den Leuten erzählst, dann kommen die abergläubigsten Vorstellungen auf. Die glauben gleich, dass das Ende der Welt herbeigekommen ist.

1. Weiser: Wir wollen Wissenschaft und Aberglauben nicht vermischen. Wir Wissenschaftler können nur sagen, was wir erkennen, was ist, was man beweisen kann.

3. Weiser: Aber das muss doch etwas zu bedeuten haben? Wenn Jupiter und Saturn ganz nah beim Planeten Mars stehen, und wir ein großes Licht sehen ... Seht doch!
(Er zeigt auf den Stern, der in der Kirche hängt.)

1. Weiser: Alles hat etwas zu bedeuten. Bestimmt! Nur was, das muss jeder für sich herausfinden. Wir können nur das Phänomen des großen Lichts erklären.

2. Weiser: Jeder muss für sich herausfinden, was das Licht zu bedeuten hat.

3. Weiser: Suchen wir nach einer Erklärung, damit wir verstehen und begreifen.

● Lied: »Kommt und lasst uns Christus ehren«, EG 39,1+3+7 – oder »Singen wir mit Fröhlichkeit«, GL 135,1–3

4. Szene: Die Hirten auf dem Feld – Sehnsüchte und Träume

(Vier Hirten sitzen beim Würfelspiel mit dem Becher.)

1. Hirte: Ich habe heut' Nacht geträumt, ich hätte im Lotto gewonnen und könnte mir alle Wünsche dieser Welt erfüllen.

2. Hirte: Seit wann spielst du denn im Lotto?

1. Hirte: Ich habe ja nur geträumt.

4. Hirte: Da sieht man, dass du mit deinem Leben unzufrieden bist.

3. Hirte: *(würfelt)* Drei Sechser! Da staunt ihr, was!

2. Hirte: Wäre aber doch eine schöne Sache, wenn man sich hier draußen nicht mehr im Staub quälen müsste.

1. Hirte: Träumen darf man doch. Wer nicht mehr träumt, hat auch keine Hoffnung und Ziele mehr.

4. Hirte: Ich wäre schon zufrieden, wenn wir besser bezahlt würden.

3. Hirte: Ich hatte neulich einen merkwürdigen Traum: ein Engel ist mir begegnet, der auf einer Leiter ganz oben saß. Er sagte zu mir, dass ich mich auf den Weg machen müsste.

2. Hirte: Träume sind doch nur Schäume. Man darf da nicht zu viel hineinfantasieren.

4. Hirte: Das sag' ich auch. Aber manchmal ist doch was dran!

3. Hirte: Dann habe ich einen armseligen Stall gesehen – und als ein helles Licht aufstrahlte, bin ich erwacht.

1. Hirte: Typisch. So ist das immer beim Träumen: Wenn es spannend wird, dann erwacht man, und – aus der Traum.

2. Hirte: Egal, wo wir mit unserer Herde auch hingehen, da können wir froh sein, wenn's genug Gras für unsere Tiere gibt.

1. Hirte: Ich mag Träume. Sie reißen einen aus der Wirklichkeit, die manchmal unerträglich ist. Träume sind Inseln der Glückseligkeit.

3. Hirte: Ja schon. Aber ich würde zu gerne verstehen, was uns unsere Träume sagen wollen.

4. Hirte: Es gibt doch Traumdeuter, die genug Fantasie haben.

1. Hirte: Dein Traum von der armseligen Hütte und dem Licht gefällt mir. Der sagt etwas von Geborgenheit und Wärme und dass Liebe mehr wert ist als ein Lottogewinn.

2. Hirte: Ich glaube eher, das Licht fällt auf unsere Armseligkeit und zeigt uns unsere eigene, harte Wirklichkeit.

4. Hirte: Du meinst, der Stern hat etwas mit uns zu tun?
(Er würfelt.)

3. Hirte: Mich bewegt dieser Traum schon sehr. Er hat mich seither nicht mehr in Ruhe gelassen.

● Lied: »Kommet, ihr Hirten«, EG 48,1–3 – oder
»Hört, es singt und klingt mit Schalle«, GL 139,1–3

5. Szene: Im Stall – Die Hoffnung verändert

(Maria und Josef sitzen, vor ihnen steht die Krippe. Die Hirten stehen auf der Seite bereit.)

Maria: Uns ist ein Kind geboren, ein Sohn ist uns gegeben. Er wird unser aller Friede sein.

(Die Hirten treten in den Stall ein.)

2. Hirte: Wir kommen draußen vom Feld. Der Stern über diesem Stall hat uns den Weg gezeigt.

3. Hirte: Ist das alles nur ein Traum oder ist das wirklich, was wir hier sehen?

1. Hirte: *(Er beugt sich und schaut in die Krippe hinein.)*
Die Augen dieses Kindes leuchten wie der helle Stern am Himmel.

Josef: Davids Stern soll in Bethlehem aufgehen und die ganze Welt erleuchten. Dieses Kind wird unser Leben verändern.

(Die Weisen treten in den Stall ein.)

3. Weiser: Haben wir nun die Erklärung gefunden, die wir gesucht haben?

1. Weiser: Das Unscheinbare in diesem Stall erstrahlt im Licht des hellen Sterns.

2. Weiser: Ich glaube, die Hoffnung erleuchtet auch mein Herz.

Maria: Unser Kind heißt Jesus.

Josef: Jesus, das bedeutet: Gott ist mit uns. – Diese Erfahrung hat uns bisher begleitet!

(Die zwei Kumpanen gehen am Stall vorüber.)

1.Kumpane: Mann, ist diese Nacht so verdammt hell! Man könnte meinen, es sei eine ganz besondere Nacht.

2. Kumpane: Diese Nacht ist es ja vielleicht auch?!
(Die beiden lachen hämisch.)

● Lied: »Ich steh an deiner Krippen hier«, EG 37,1–4; GL 141,1–4

Weihnachten auf der Spur

Wilhelm Brandner

Vorbemerkung

Ein Privatdedektiv erhält den Auftrag, Weihnachten zu suchen. Er hat durch die Menschen, die er in seinem Beruf erlebt hat, den Glauben an das Gute im Menschen verloren. Wird er die Spur von Weihnachten finden?

Ähnlich wie in der Weihnachtsgeschichte um den alten Geizkragen Srooge von Charles Dickens begleitet ihn eine unbekannte Person und hilft ihm, die Spur von Weihnachten aufzunehmen.

Er wird in verschiedenen Situationen mit Menschen konfrontiert, durch die er nach und nach die Botschaft von Weihnachten versteht.

Das Stück ist vom Text der Hauptrollen her ziemlich anspruchsvoll und muss wohl mit Jugendlichen in diesen Rollen besetzt werden. Es spricht von der Zielgruppe eher Erwachsene an. Dennoch können Kinder in manchen Textrollen und vor allem in der Szene im Stall von Bethlehem mitwirken.

Personen:

Erzähler *(Er spielt den Privatdedektiv Harry Barlowe, der sein Erlebnis bei der Suche nach Weihnachten im Rückblick erzählt.)*

Harry *(Er spielt den Privatdedektiv Harry Barlowe in der Rückblende.)*

Bote *(Er erteilt den Auftrag, Weihnachten zu suchen.)*

Person *(Sie begleitet Harry bei der Suche nach Weihnachten.)*

Junger Mensch
Alter Mensch
Hausbewohner
Verfolgter

1. Verfolger
2. Verfolger
3. Verfolger
1. Kind
2. Kind
1. Alter
2. Alter
1. Sohn
2. Sohn
1. Wohnsitzloser
2. Wohnsitzloser

Als »stumme« Rollen:
Engel
Maria
Josef
Hirten
Schafe

(Seitlich auf der Bühne ist der Erzähler zu sehen. Er liest, was Harry Barlowe den Zuschauern als unsichtbarer Erzähler sagt.
In der Mitte der Bühne sitzt an einem Schreibtisch derjenige, der Harry Barlowe in der erzählten Geschichte spielt. Das Licht ist auf den Erzähler gerichtet.)

Erzähler: Hallo, mein Name ist Harry Barlowe. Ich bin Privatdetektiv. Es gibt Leute, die behaupten sogar, ich wäre der Beste. Na ja, schon aus Höflichkeit möchte man da natürlich nicht widersprechen. Ob sie recht haben? Ich muss zugeben, ganz sicher bin ich mir da manchmal auch nicht.
Eins weiß ich aber sicher. Nämlich, was den Menschen so alles an schönen und traurigen Dingen passieren kann. In den vielen Jahren als Detektiv habe ich eine ganze Menge davon kennengelernt, das könnt ihr mir glauben.
Nun war es vor einiger Zeit aber so, dass ich nur noch sehr traurige Fälle hatte. Einen nach dem anderen. Das hat mich echt geschafft, ja, ich habe sogar meinen Glauben an das Gute im Menschen verloren.
Ich wurde von Tag zu Tag immer unzufriedener, schlechter gelaunt – und einsamer.
Da klopfte es eines Morgens plötzlich an der Tür zu meinem Büro.

(Szene und Licht wechseln nun in die Mitte der Bühne. Harry Barlowe sitzt dort lässig mit den Füßen auf dem Schreibtisch und blättert in einer Zeitschrift. Von der Seite kommt eine Person und klopft an Harrys Tür.)

Harry: *(mit etwas unfreundlichem Ton)* Wer ist da?

Bote: Ein Bote. Darf ich reinkommen?

Harry: Von mir aus.
(Der Bote öffnet die Tür, geht auf Harry zu und bleibt vor dem Schreibtisch stehen. Währenddessen hat Harry die Zeitschrift zur Seite gelegt und seine Füße vom Tisch genommen.)
Was bringen Sie mir denn? Hoffentlich keine Rechnung.

Bote: Nein. Ich habe einen Auftrag für Sie. Einen sehr wichtigen Auftrag.

Harry: So? Worum handelt es sich denn dabei?

Bote: Finden Sie Weihnachten!

Harry: *(Harry verschlägt es fast die Sprache; schaut den Boten verdutzt an.)*
Wie bitte? Ich hab' Sie wohl falsch verstanden!

Bote: Nein, Sie haben schon richtig gehört. Finden Sie Weihnachten! Übernehmen Sie den Fall?

Erzähler: *(Während Harry an seinem Schreibtisch sitzt und nachdenkt.)*
So eine Aufgabe hatte ich noch nie bekommen. Ich wusste erst gar nicht, was ich davon halten sollte. Doch dann sagte mir eine innere Stimme, dass ich diesen Auftrag annehmen sollte. Das Ganze kam mir zwar immer noch recht sonderbar vor, aber ich sagte:

Harry: Und was springt dabei für mich raus?

Bote: Darüber reden wir später! Aber ich garantiere Ihnen, es wird sich für Sie lohnen!

Harry: Mmh, ich habe zwar keine Ahnung, wie ich das anstellen soll, Weihnachten zu finden, aber von mir aus – ich versuche es.

Bote: Prima. Also, bis dann – und viel Erfolg!

(Noch bevor Harry etwas sagen kann, ist der Bote schon wieder verschwunden.)

Harry: Na, so was! Weg ist er. Dabei wollte ich ihn noch fragen, wie es mit einer kleinen Anzahlung aussieht und wo ich mit meiner Suche beginnen soll.
(Harry macht es sich wieder auf seinem Stuhl bequem und blättert weiter in der Zeitschrift, die er bei der Ankunft des Boten weggelegt hatte.)
Tja, wo könnte ich da wohl anfangen?
(Da springt er plötzlich auf.)
Na also, wer sagt's denn! Hier steht doch schon was:
(Harry liest laut vor, was er in dem Magazin gefunden hat.)
Grosse Weihnachtsgala. Das Staatsorchester gibt zusammen mit weltberühmten Sängerinnen und Sängern ein Konzert der Superklasse.
Wann? Heute Abend! – Mensch, da muss ich hin. Dort soll meine Suche beginnen.

*(Das Licht geht aus. Harry geht zum nächsten Schauplatz. – Er steht nun an einer Kasse mit dem Rücken zur Gemeinde, so als ob er sich mit der Kartenfrau unterhalten würde.
Das Licht geht wieder an. Über dem Kassenhäuschen ist nun »Konzerthaus« zu lesen. Harry dreht sich zur Gemeinde und entfernt sich mit ein paar Schritten von der Kasse.)*

Harry: So ein Pech. Alle Karten sind schon verkauft. Ich komme da gar nicht rein. *(Harry kratzt sich am Kopf.)*
Was mache ich denn jetzt bloss? Wo finde ich denn jetzt nur eine neue Spur, die mir hilft, Weihnachten zu finden?

(Während Harry laut nachdenkt, läuft eine Person an ihm vorüber. Sie hört, was Harry so vor sich hin sagt und bleibt stehen.)

Person: *(zu Harry)* Entschuldigen Sie bitte.

Harry: *(Er schreckt aus seinen Gedanken auf und schaut die Person etwas überrascht an.)* Wie? Was?

Person: Ich habe gerade zufällig gehört, was Sie gesagt haben. Vielleicht kann ich Ihnen ja helfen. Ich kenne da nämlich ein paar Wegweiser, die uns Jesus dagelassen hat, damit sie uns zu ihm führen.

Harry: Jesus?

Person: Ja. Jesus ist in der Heiligen Nacht zu uns Menschen auf die Erde gekommen. Das feiern wir an Weihnachten, denn schließlich war das Kind, das da zur Welt kam, nicht irgendeines, sondern Gottes Sohn und unser Heiland.

Harry: Heiland?

Person: Ja, denn später, als er gross war, hat er alle Schuld der Menschen auf sich genommen und damit das Verhältnis zwischen Gott und den Menschen wieder heil gemacht. Aber nicht nur das. Er ist vom Tod wieder auferstanden und ist uns zu seinem Vater im Himmel vorausgegangen.

Harry: Das ist ja interessant! Aber wie finde ich ihn?

Person: Jesus hat uns vorgelebt und gezeigt, wie wir zu ihm gelangen können. Zum Beispiel, wenn man mit einer Begabung gesegnet ist und sie zu Ehren Gottes einsetzt, so wie das die Künstler hier heute Abend auch tun.
Aber es gibt da eben auch noch die anderen Spuren. Die einen, die auf den ersten Blick so unscheinbar erscheinen, dass sie heutzutage allzuoft einfach übersehen werden. Deshalb schlage ich vor, dass wir uns erst einmal mit etwas ausrüsten, was uns beim Sehen hilft.
(Die Person zieht nun eine Lupe hervor.)

Harry: Ah! Da kann ich mithalten. Eine Lupe hat jeder gute Detektiv immer dabei. *(Harry holt auch sein Vergrößerungsglas hervor.)*

Person: Also, dann kann es ja losgehen.
(Die beiden gehen ein paar Schritte.)
Für Jesus waren die Menschen wichtig. Er hat sich um sie gekümmert, wenn sie sich nicht mehr selber helfen konnten oder wenn sie in Not waren.

Harry: Und das gibt es auch heute noch unter den Menschen, meinen Sie?

Person: Natürlich. Das sieht heute zum Beispiel so aus.

(Die Person nimmt die Lupe an die Augen und zeigt in die Richtung, in der nun eine Spielszene stattfinden wird. Auch Harry hält sich sein Vergrößerungsglas vors Gesicht.
Die Szene zeigt einen alten Menschen, der im Bett liegt. Ein junger Mensch sitzt am Bettrand und gibt ihm mit dem Löffel sein Essen.
Nachdem der junge Mensch den ausgelöffelten Teller weggestellt hat, sagt er:)

Junger Mensch: So, das war's. Kann ich sonst noch etwas tun?

Alter Mensch: Das ist aber nett, dass du das fragst. Hättest du noch Zeit, mir etwas aus dem Buch da vorzulesen?

Junger Mensch: *(Scheint wohl eigentlich keine Zeit dafür zu haben, denn er schaut verstohlen auf seine Armbanduhr. So, dass es der alte Mensch nicht sehen kann, verzieht er auch sein Gesicht und denkt über eine Antwort nach. Doch dann macht er eine abwinkende Handbewegung, die wohl seinen nachfolgenden Terminen zu gelten scheint, denn freundlich wendet er sich nun wieder dem alten Menschen zu.)*
Aber klar doch. Gib mir mal das Buch rüber.

(Die Szene endet, indem man noch sieht, wie sich der junge Mensch wieder auf den Bettrand setzt und das Buch zur Hand nimmt, das ihm der alte Mensch reicht.
Dann wird die Aufmerksamkeit der Zuschauer wieder auf die Person und Harry gelenkt.)

Person: Sich um jemanden zu kümmern, kann heutzutage aber auch so aussehen.

(Wieder zeigt die Person in eine Richtung, in der nun die nächste Spielszene gestartet wird.
Ein Einzelner wird von einer Gruppe Schlägertypen verfolgt. Verzweifelt versucht er, ihnen zu entwischen, doch dann gerät er in eine Sackgasse. Sein Schicksal scheint besiegelt.
Doch da öffnet sich eine Haustür und eine Stimme zischt ihm zu:)

Hausbewohner: Pst! Hallo! Schnell hier herein.

Verfolgter: *(Lässt sich das nicht zweimal sagen und springt in den Hauseingang. Der Hausbewohner schliesst schnell die Tür hinter ihm zu.)*
Danke!

Hausbewohner: *(Hält den Finger an den Mund.)* Leise! Kein Wort!

(Dann hört man auch schon die Verfolger kommen. Mit Knüppeln bewaffnet, nähern sie sich dem Haus.)

1.Verfolger: Wo ist er denn hin? Eben war er doch noch da.

2.Verfolger: Wenn wir den erwischen, dann kann er was erleben.

3..Verfolger: Genau! Denn wer uns nicht passt, der hat nichts mehr zu lachen.

1.Verfolger: *(Schaut sich um und geht dann auf die Haustür zu, hinter der sich der Verfolgte versteckt hält. Er drückt die Klinke herunter, um zu prüfen, ob der Verfolgte vielleicht durch eine offene Tür in ein Haus geflüchtet ist. Doch der Hausbewohner hatte die Tür ja wieder verschlossen. Dann sagt der Verfolger, während er die Umgebung noch nach einem Hinweis auf den Verfolgten absucht:)*
Los, kommt. Vielleicht ist er ja die nächste Strasse hinuntergerannt. Schauen wir da mal nach.
(Mit Gejohle rennt die Gruppe wieder davon. Als man nichts mehr von ihnen hört, sagt der Verfolgte:)

Verfolgter: Puh, das war knapp. Ich danke Ihnen. Aber warum haben Sie mich denn gerettet? Sie kennen mich doch gar nicht. Hatten Sie denn keine Angst vor denen?

Hausbewohner: Ich kenne Sie nicht, das stimmt. Aber ich habe gesehen, dass Sie in Not waren, da konnte ich doch nicht einfach nur zusehen. Und Angst, das kann ich Ihnen sagen, hatte ich mindestens genauso viel wie Sie. Mir zittern jetzt noch die Knie.

(Die Szene endet hier und die Person läuft mit Harry wieder ein paar Schritte.)

Person: Vergeben und Verzeihen fällt uns Menschen oft sehr schwer oder gelingt uns manchmal gar nicht. Dabei hat Jesus es uns vorgemacht, als er Gott um Vergebung für die gebeten hat, die ihn verraten und gekreuzigt haben. Er hat alle Schuld der Menschen auf sich geladen und bei seiner Auferstehung mitgenommen.
Durch ihn hat Gott uns Menschen vergeben und uns eine neue Chance gegeben.

Harry: Vergeben und neu beginnen? Das hört sich gut an. Doch gesehen und erlebt habe ich es so schon lange nicht mehr.

Person: Dann schauen Sie nur einmal da rüber.
*(Die Person zeigt zur nächsten Spielszene. Beide setzen sich wieder ihre Vergrößerungsgläser auf, dann beginnt die Szene.
Man sieht eine Frau und einen Mann, die sich gegenüberstehen.)*

Mann: Bitte verzeih mir. Wenn wir unser gemeinsames Leben doch nur noch einmal von vorn beginnen könnten. Ich möchte so vieles besser machen als bisher.

Frau: *(Sie zögert einen Moment, dann nimmt sie seine Hand.)* Das wünsche ich mir auch. Deshalb lass uns noch einmal einen Neubeginn versuchen. Auch wenn es am Anfang nicht leicht wird. Und lass uns aus den Fehlern, die wir gemacht haben, lernen.

(Damit ist die Szene für diese beiden beendet und das Licht fällt nun auf zwei Kinder.)

1.Kind: *(Es trägt einen Fussball unterm Arm.)* Hallo Micha.

2.Kind: Hallo Tobi. Hau bloss ab. Ich bin noch voll sauer auf dich.

1.Kind: Hey Mann, tut mir leid. Ich weiss heut auch, dass es blöd war, dass ich gestern nicht mit dir spielen wollte.
Schau, ich hab meinen Ball dabei. Vergiss doch den Quatsch von gestern und komm mit zum Fussballspielen.

2.Kind: Ok. Aber ich bin nicht im Tor.

1.Kind: Ok.

(Die beiden Jungen gehen ab, und es kommt eine dritte und letzte Szene zum Thema »Vergebung und Neubeginn«.
Zwei alte Männer, die jeweils von einem jungen Mann beim Gehen gestützt werden, begegnen sich. Anstatt sich freundlich zu grüssen, geschieht etwas ganz anderes: Die beiden alten Männer werden wütend, sobald sie sich sehen und fuchteln mit ihren Gehstöcken in der Luft herum.)

1.Alter: *(ruft)* Aah, der alte Meier. Na warte. Los, mein Junge, verpass den beiden eine Abreibung, die sie nicht so schnell vergessen.

2.Alter: Ha! Der alte Müller. Von wegen Abreibung. Das glaubst auch nur du. Auf geht's, Sohnemann, knöpf ihn dir vor – aber ordentlich.

(Beide schubsen ihre jungen Begleiter nach vorne, wie in eine Arena hinein.
Die Alten erwarten jetzt einen Kampf zwischen ihren beiden Söhnen. Doch die Söhne verweigern den Kampf und rufen gemeinsam im Chor.)

1. und 2. Sohn: Nein! Einmal muss Schluss sein. Wir wissen doch schon lange nicht mehr, warum sich unsere Familien überhaupt streiten. Deshalb machen wir jetzt einen Schlussstrich. Für alles, was die eine Familie der anderen jemals angetan hat, bitten wir nun um Verzeihung.
Wir wollen von jetzt an gute und friedliche Nachbarn sein.

(Hier endet die Szene, und das gesamte Licht wird unmittelbar nach den Sätzen der beiden Söhne ausgemacht. In dem Moment, in dem das Licht ausgeht, wird aber irgendwo in der Kirche eine Taschenlampe angeknipst.
Zwei Wohnsitzlose, von denen einer diese Taschenlampe trägt, laufen durch die Kirche in Richtung des aufgebauten Stalls. Sie suchen sich mit der Lampe in der Hand den Weg.)

1.Wohnsitzloser: *(der die Lampe hat)* Da! Schau mal da vorne. *(Er richtet den Lichtstrahl seiner Lampe auf den Stall.)*

2.Wohnsitzloser: Das muss der Stall sein. Er sieht genauso aus, wie ihn der Bauer beschrieben hat.

(Sie gehen in den Stall hinein, und ab jetzt ist auch wieder Licht auf sie gerichtet. Die Taschenlampe wird ausgemacht.
Der zweite Wohnsitzlose versucht, sich durch Anhauchen etwas die Fingerspitzen zu wärmen. Sie richten ihr Nachtlager her.)

1.Wohnsitzloser: Nur gut, dass wir hier schlafen dürfen. Ich hätte sonst echt nicht gewusst, wie wir diese Nacht überstehen sollen.

2. Wohnsitzloser: Stimmt! Es ist heute furchtbar kalt draussen. Und dieser Wind. Zum Glück haben wir diesen netten Mann getroffen.

1.Wohnsitzloser: *(Hält sich plötzlich die Hand ans Ohr, um besser hören zu können.)* Achtung! Hör mal, da kommt jemand. Los, wir verstecken uns lieber! *(Die beiden verdrücken sich zwar in den hintersten Winkel des Stalls, doch ihr Nachtlager mit den Schlafsäcken lassen sie liegen.- Es kommt tatsächlich jemand, nämlich Harry mit der Person. Sie bleiben vor dem Stall stehen.)*

Harry: *(etwas abfällig)* Ein Stall! Was soll denn das für eine Spur sein.

Person: In einem Stall wie diesem ist Jesus zur Welt gekommen – nicht in einem Palast. Schon bei seiner Geburt war er mitten unter denen, die er später einmal retten würde.

(Nun haben die Engel, Maria und Josef und die Hirten mit ihren Schafen ihren Auftritt. Sie bauen sich zu einem Bild auf, das wie in einer Rückblende den Stall in der Heiligen Nacht zeigt.
Maria und Josef stellen sich an die Krippe im Stall. Die Hirten mit den Schafen umrahmen die beiden. Die Engel stehen neben dem Stall.)

Person: Nicht, Reiche noch reicher und Mächtige noch mächtiger zu machen, war die Aufgabe von Jesus, sondern für alle Menschen die Verbindung zu Gott wieder heil zu machen – auch für die Ärmsten und Einfachsten unter ihnen.

(Nun singen alle, die an diesem Bild beteiligt sind, ein Lied, das gegebenenfalls von einigen Engeln mit Flöten begleitet wird.
Nach dem Lied bleiben alle auf ihren Plätzen im und neben dem Stall stehen.)

Harry: Aber wer würde denn heute noch in einer solchen Hütte zusammen mit den Tieren übernachten?

Person: Na ja, die zum Beispiel, die hier schon ihr Nachtlager hergerichtet haben. Kommt ruhig hervor aus eurem Versteck. Ihr braucht keine Angst zu haben.

(Die beiden Wohnsitzlosen kommen nach vorne. Sie gehen dabei zwischen Maria und Josef und den Hirten mit ihren Schafen hindurch.)

1.Wohnsitzloser: Also gut, hier sind wir. Wir haben aber vom Besitzer die Erlaubnis, dass wir hier die Nacht verbringen dürfen.

Person: *(zu Harry)* Sehen Sie, es gibt sie auch heute noch, die Menschen, die auf der Suche nach einem sicheren Platz sind, an dem sie für eine Weile bleiben können – und die Menschen, die ihnen einen solchen Ort geben, gibt es auch noch.

Harry: Ja, Sie haben recht! Durch das, was Sie mir gezeigt haben, ist mir mein Herz wieder aufgegangen und der Mut zum Leben wieder zurückgekehrt.
Ich weiss nun, dass Jesus uns viele Wegzeichen zurückgelassen hat, die uns zu ihm führen, wenn wir sie beachten. Und ich habe gesehen, dass es Menschen gibt, die auf diesem Weg schon unterwegs sind.
Mit Ihrer Hilfe habe ich es geschafft, Weihnachten zu finden. Ich danke Ihnen.
Doch nun muss ich wieder zurück in mein Büro. Vielleicht wartet dort ja schon mein Auftraggeber auf mich.
(Harry geht ab. Das Licht wechselt nun wieder zu dem Erzähler.)

Erzähler: Ich hoffte damals, dass ich den Boten treffen würde, doch er war nicht da. Er kam auch später nicht mehr. Na ja, schliesslich hatte er seine Aufgabe ja erfüllt.
Und sein Versprechen hatte er auch gehalten: Weihnachten zu suchen hat sich für mich wirklich voll gelohnt.

Schlechte Nachbarn – gute Zeiten

Ursula Schultheiß

Vorbemerkung

Das Stück spielt in Bethlehem. Zwei Familien sind seit Generationen verfeindet. Die Kinder der beiden Familien, Jonas und Ruth, haben kein Interesse an der Familienfehde. Durch die Nacht der Geburt Jesu werden sie zusammengeführt, und dadurch finden auch ihre Familien zueinander.
Friede im Kleinen, unter Nachbarn und Kollegen, ist überall möglich, wo Menschen sich von der Geburt des Gottessohnes erneuern lassen.

Das Bühnenbild ist so aufgebaut: Rechts und links ist im Hintergrund ein Haus zu sehen. Dazwischen steht eine Hütte, der Stall des Wirts von Bethlehem. Vorne in der Mitte ist zunächst ein Brunnen zu sehen. Später taucht der Stern von Bethlehem am Himmel auf. Nach Möglichkeit sollte die Lichtquelle in mehreren Helligkeitsstufen schaltbar sein.

Personen:	Orangenhändler	Jonas
	Brothändler	Ruth
	Wirt	2–3 Jungs von Bethlehem
	1. Frau	Herr und Frau Raphael
	2. Frau	Herr und Frau Jakob
	1. Hirte	Maria und Josef
	2. Hirte	(eventuell ein Esel)

1. Szene: Markt in Bethlehem

(Marktszenerie. Im Hintergrund erklingt orientalische Musik.
Zwei Händler kommen mit ihren Körben, einer trägt einen Korb mit Orangen, einer einen Korb mit Brot. Sie stellen ihre Waren vor sich ab. Zwei Frauen tragen Waschzuber auf dem Kopf und gehen zum Brunnen. Dort fangen sie an zu waschen. Die Musik klinkt aus.)

Orangenhändler: Orangen, frische Orangen aus Jaffa, Jaffaorangen, saftig und gesund. *(Er streckt den vorbeigehenden Frauen eine Orange hin.)* Na, wie wär's, meine Damen? Heute im Angebot. *(Die Frauen kaufen bei ihm.)*

Brothändler: Fladenbrot, knuspriges Fladenbrot. *(Der Wirt kommt auf die Bühne.)* Fladenbrot macht Wangen rot! Guten Morgen, Wirt.

Wirt: Schalom! *(Er schaut in den Brotkorb.)* Ist das Brot frisch?

Brothändler: Ja klar, es ist ofenfrisch, noch warm!

Wirt Also gut, dann nehme ich drei Stück.
(Er zahlt und geht ab. Währenddessen kommen von der anderen Seite zwei Hirten mit ihren Schafen auf die Bühne. Die Frauen, die noch bei den Händlern stehen, wenden sich ihnen zu.)

1.Frau: Schalom, Schäfer. Zieht ihr wieder weiter?

1. Hirte: Ja, die Dorfwiese ist abgegrast. Wir wollen zwischen die Hügel dahinten. *(Er deutet in die Richtung.)*
Da ist es auch etwas windgeschützt. Die Nächte werden schon recht kalt.
(Sie ziehen wieder zur anderen Seite nach hinten ab. Zwei oder drei Buben kommen und kicken mit ihrem Ball wild um die Frauen herum.)

2. Frau: *(schimpft)* He, seid nicht so stürmisch hier! Spielt woanders!
(Die Frauen gehen zum Brunnen und beginnen zu waschen.)

1. Frau: Ja, und natürlich ist der Jonas wieder mitten dabei. Der lässt auch nichts aus. *(Die Kinder kicken weiter und gehen langsam ab.)*

2. Frau: *(entrüstet)* Na ja, bei *den* Eltern! Richtige Streithammel sind das. Mit allen Nachbarn haben sie sich schon angelegt. Besonders mit den Rafaels von nebenan.

1. Frau: Die sind aber auch nicht von Pappe. Erst gestern gab's zwischen den beiden wieder einen Riesenkrach. Angeblich hat die Frau vom Rafael genau in dem Moment den Putzeimer aus dem Fenster gekippt, als Frau Jakob, die Mutter von Jonas, darunter vorbeiging.
(Beide lachen! Alle gehen ab. Der Brunnen wird entfernt.)

● Lied: »Seht, die gute Zeit ist nah«, EG 18,1+2 – oder
»Ein Kind ist uns geboren«, GL 136,1+2

2. Szene: Vor dem Haus der Rafaels

(Über einer Stange oder einem Seil hängt ein Teppich. Frau Rafael kommt mit ihrer Tochter Ruth aus dem Haus und gibt ihr einen Einkaufskorb.)

Frau Rafael: So, Ruth, jetzt geh bitte zum Seifensieder und bring mir ein Stück Kernseife, aber nicht die teure, und dann holst du mir noch einen Krug Olivenöl aus der Ölmühle. Aber trödle nicht, es gibt bald Essen!

Ruth: Ja, Mama, ich beeile mich!
(Ruth geht ab. Frau Rafael fängt an, lautstark den Teppich zu klopfen. Frau Jakob kommt aus ihrem Haus und schreit.)

Frau Jakob: He, was soll der Krach! Können Sie das nicht leiser machen? Mein Benjamin schläft.

(Frau Rafael klopft aber weiter, als hätte sie nichts gehört. Frau Jakob geht erbost auf sie zu.)

Frau Jakob: Hören Sie jetzt sofort auf oder ...
(Doch Frau Rafael klopft noch zweimal extra laut auf den Teppich.)

Frau Rafael: Haben Sie etwas gesagt? Ich habe gar nichts gehört!
(Sie klopft weiter.)

Frau Jakob: *(Sie fuchtelt mit ihren Händen, um den Staub von sich abzuwehren und hustet.)* Aufhören, Sie Staubhexe!

Frau Rafael: *(Sie geht mit dem Teppichklopfer auf Frau Jakob los.)*
Waaas haben Sie gesagt? Sagen Sie das noch mal, Sie alte Spinatwachtel, Sie.

Frau Jakob: Ooooh, und Sie, Sie sind ein ganz liederliches Mensch, das weiß doch jeder hier. Sie bekommen ja nicht mal ihren Haushalt in Ordnung.

Frau Rafael: So, meinen Sie! Dann kehren Sie doch erst mal vor ihrer eigenen Tür. Wie man so hört, hat Ihr Jonas ja ganz schön Dreck am Stecken ...

Frau Jakob: Ich kratze Ihnen gleich die Augen aus!
(Sie geht auf Frau Rafael los, aber diese wehrt sich mit ihrem Teppichklopfer und verfolgt sie bis zur Haustür. Geschrei von beiden.)

Frau Rafael Ich gebe Ihnen gleich was auf's Auge!

Frau Jakob: *(Sie wird vom Teppichklopfer getroffen und schreit.)*
Au! Das werden Sie noch bereuen. *(Sie springt ins Haus.)*

Frau Rafael: So, der habe ich es gegeben. Jetzt weiß die, wo es hier lang geht! Oh weh, gleich geht die Sonne unter. Jetzt ist es aber höchste Zeit, das Essen zu richten!
(Sie rollt den Teppich auf und geht ins Haus.)

(Herr Rafael und Herr Jakob kommen aus entgegengesetzter Richtung auf die Bühne und gehen stur aneinander vorbei auf ihr Haus zu. Vor ihrer Haustür bleiben sie stehen und sprechen leise vor sich hin.)

Herr Rafael: Nicht einmal grüßen kann der!

Herr Jakob: Der hält sich wohl auch für was Besseres!
(Die Teppichstange wird entfernt.)

3. Szene: Vor dem Haus der Jakobs

(Ruth kommt mit ihrem Einkaufskorb von einer Seite, Jonas mit anderen Kindern von der an deren Seite. Sie treffen sich vor dem Haus der Jakobs, die Jungs kicken mit dem Ball.)

1. Junge: He, aus dem Weg, du Transuse.

Ruth: Lass mich in Ruhe.

2. Junge: *(Er stellt sich Ruth in den Weg und hänselt sie weiter.)* Transuse, Pampelmuse!

Ruth: Du kommst dir wohl sehr witzig vor.

1. Junge: He, werd nicht frech.

Jonas: Hört schon auf, das ist doch langweilig. *(Er kickt den Ball zu den anderen Jungen.)* Lasst uns weiter spielen.

(Ruth geht ins Haus, ohne sich weiter um die Jungs zu kümmern.)

2. Junge: Was ist denn mit dir los? Seit wann bist du nett zu einem Mädchen?

1. Junge: Bist du etwa verknallt in die?

Jonas: Quatsch! Du hast ja einen an der Waffel. Ich habe bloß keinen Bock mehr auf die ewige Streiterei. Außerdem muss ich jetzt nach Hause. Tschüß. *(Er geht ins Haus.)*

1. Junge: Ts, ts, ich glaube, den hat's erwischt.

2. Junge: Soll er doch. Komm, wir gehen auf den Bolzplatz. *(Sie gehen ab.)*

● Lied: »Weil Gott in tiefster Nacht erschienen«, EG 56,1–4 – oder »Hört, es singt und klingt mit Schalle«, GL 139,1-4

4. Szene: Vor dem Haus der Rafaels

Ein großer Stern ist am Himmel zu sehen. Ruth kommt aus dem Haus. Sie schlägt die Arme um sich, weil ihr kalt ist.)

Ruth: Was für ein kalter Abend. *(Sie sieht den Stern am Himmel.)* Oh, der Stern dort hinten, der sieht ja aus, als ob er über den Himmel schwimmt.

(Jonas kommt aus dem Haus der Jakobs und schaut auch zum Himmel.)

Ruth: *(Sie sieht Jonas und spricht zu sich.)* Das war's dann wohl mit dem friedlichen Abend.

Jonas: Hey, Ruth.

Ruth: Hey, Jonas.
(Kurzes Schweigen beider. Jonas geht dann aber auf Ruth zu.)

Jonas: Schöner Abend, was?

Ruth: Ja, schön kalt. *(Kurze Pause)* Was ist denn mit dir los, gar nicht auf Kriegspfad heute?

Jonas: Ach, ich finde das einfach blöd. Seit ich denken kann, streiten sich unsere Familien jetzt schon miteinander. Keiner weiß warum, aber keiner hört auf damit.

Ruth: Du hast ja recht, aber was soll man dagegen machen?

Jonas: *(Er zuckt mit den Schultern.)* Ich weiß auch nicht ...
(lauscht) Hör mal, da kommt wer!
(Er zieht Ruth an den Rand der Spielfläche.)

Ruth: Das ist ja der Wirt, wen bringt der denn mit?
(Der Wirt kommt mit Maria und Josef auf die Bühne, eventuell kann auch jemand als Esel verkleidet mitspielen.)

Wirt: So, da wären wir! Es tut mir wirklich schrecklich leid, aber etwas Besseres habe ich nicht mehr. Ich habe in meinem Gasthof schon die Badewanne vermietet, und jetzt habe ich bloß noch den Stall.

Josef: Und es gibt wirklich keine andere Möglichkeit?

Wirt: *(Er zuckt die Achseln.)* Leider nicht! Wer kommt denn schon auf die Idee, dass die großen Herren eine Volkszählung brauchen. Bis die damit fertig sind, ist die eine Hälfte des Volkes gestorben und die andere gerade geboren, so wie bei Ihrer Frau.
(Er schaut zu Maria.)

Josef: Stimmt, aber was soll man dagegen machen? Und unser Kind kann jeden Moment kommen. *(seufzt)* Also, wir nehmen den Stall. Was meinst du, Maria, wird es gehen?

Maria: Da drin ist es jedenfalls wärmer; und ein wenig Stroh, auf dem wir uns ausruhen können, gibt es auch.

Wirt: *(Er bemerkt Ruth und Jonas.)* He, ihr zwei da! Helft mal den beiden ein bisschen. Ich muss zurück in meine Wirtschaft.

(Jonas und Ruth kommen näher.)

Jonas: Was sollen wir denn machen?

Josef: Habt ihr für uns vielleicht einen Krug mit Wasser und ein Kissen?

Ruth: *(freudig)* O ja, ich bring' euch mein Kissen.

Jonas: Und ich hole Wasser.
(Beide gehen vor an den Bühnenrand.)

Ruth: Ach Jonas, was für eine aufregende Nacht. Zuerst zeigt sich, dass du ein total netter Typ bist und jetzt wird vielleicht noch ein Baby hier geboren.

Jonas: Ja, und schau, dieser Stern da, er wird immer heller. Es ist wirklich eine besondere Nacht.
(Beide gehen in ihre Häuser.)

5. Szene: Vor dem Stall von Bethlehem

(Jonas kommt mit dem Krug aus dem Haus, gefolgt von seinen Eltern.)

Frau Jakob: *(schimpft)* Jonas, das geht zu weit. Du kannst doch solchen Dahergelaufenen nicht unsern Wasserkrug bringen ...

(Ruth kommt jetzt mit Kissen aus dem Haus, gefolgt von ihren Eltern.)

Herr Rafael: *(schimpft ebenso)* Ruth, lässt du sofort das Kissen im Haus. Wo kommen wir denn hin, wenn das jeder bei uns machen würde, den Hausrat davontragen ...

(Die Eltern treffen sich in der Mitte der Bühne, bauen sich einander gegenüber auf, Arme in die Seiten gestemmt. Beide Elternpaare haben ihre Kinder sofort vergessen und sind auf Familienstreit eingestellt. Ruth und Jonas bringen inzwischen das Kissen und den Krug zur Krippe, Maria legt ihr Kind aufs Kissen.)

Herr Jakob: *(feindselig)* Ja, wen haben wir denn da?

Frau Rafael: *(streitlustig)* Ja, jetzt wird's Tag.

(Die Elternpaare starren sich feindselig an.– Babygeschrei ist zu hören.)

Frau Jakob: *(verdutzt)* Da schreit ja ein Baby.

Frau Rafael: Ich habe auch etwas gehört.

Herr Jakob: Wo?

Herr Rafael: Da, im Stall vom Wirt.

(Sie gehen zum Stall und setzen sich vor das Kind. Die Hirten kommen mit ihren Schafen auf die Bühne.)

1. Hirte: Da schau, da muss es sein!

2. Hirte: Ja, alles ist genau so, wie es der Engel zu uns gesagt hat.

Frau Jakob: *(ungläubig zu den Hirten)* Ihr habt einen Engel gesehen?

2. Hirte: Ja, und wir waren zuerst mächtig erschrocken, das kann ich euch sagen.

1. Hirte: *(freudig)* Aber er hat gesagt, wir sollen keine Angst haben. Und wir sollen das Kind im Stall suchen, weil es Gottes Sohn ist, der Frieden auf die Erde bringt. Und jetzt haben wir ihn gefunden.

Herr Jakob: *(Er steht auf, geht zum Bühnenrand und spricht ins Publikum.)* Frieden auf Erden, das wäre schön. Kein täglicher Kleinkrieg mehr mit Kollegen und Nachbarn. Ob das möglich ist?

Frau Jakob: *(Sie kommt ebenfalls vor zum Bühnenrand und spricht ins Publikum.)* Das Kind da, das sieht aus wie jedes andere Kind, und doch habe ich gemerkt, dass es etwas Besonderes ist.

Herr Rafael: *(Er kommt zum Bühnenrand vor und spricht ins Publikum.)* Also, ich weiß nicht, so eine Aufregung um ein Baby. Ob das wirklich etwas verändern kann?

Frau Rafael: *(Sie tritt zu ihrem Mann.)* Gottes Sohn ist auf die Erde gekommen und ich darf dabei sein. Er hat mich auf eine Weise angesehen. Das hat mich bis ins Herz getroffen. Jetzt weiß ich gar nicht mehr, was ich sagen soll.

(Jonas und Ruth treten dazwischen.)

Jonas: *(zufrieden, frech)* Auch recht.

Ruth: Wie wäre es, wenn ihr euch jetzt mal die Hand gebt und wir dann den Geburtstag feiern?

(Die Eltern geben sich zögernd die Hand.)

● Lied: »Wie ein Fest nach langer Trauer«, EG 660,1–3 (Regionalteil Württemberg) – oder
»Komm, lass diese Nacht nicht enden«, SL 270,1–3

Märchenhafte Weihnachten?

Ursula Schultheiß

Vorbemerkung

Wann beginnt Weihnachten? Beim Verteilen der Geschenke? Wenn möglichst viele Wünsche in Erfüllung gehen?
Ist das überhaupt zu ertragen, wenn alle Wünsche sich erfüllen, oder stellt sich das nicht doch sehr bald als langweilig heraus? Anna erlebt die Vor- und Nachteile einer solchen Traumzeit. Sie erfährt dabei schließlich auch, worauf es ankommt, wenn wir Weihnachten feiern: Gottes Liebe ist auf die Welt gekommen. – »Ganz schön schwer, Gottes Liebe«, sagt Anna, als sie das Jesuskind auf den Arm nimmt.

Zum Bühnenbild: Auf einer Seite steht schräg in der Ecke ein Kinderbett. Auf der anderen Seite steht ein kleines Regal, auf dem ein Kamm und einige Haarklemmen für die Barbiepuppe liegen.
Im Hintergrund wird eine elektrische bunte Lichterkette (Partykette) befestigt.

Kostüme: Anna trägt ein Nachthemd oder einen Schlafanzug. Der Darsteller des Weihnachtsbaumes trägt einen halbkreisrunden grünen Filzumhang, auf den mit hellgrüner Stofffarbe zwei Zackenreihen aufgemalt wurden. Auf dem Kopf trägt er eine spitze, grüne, schulterlange Kapuze, aus der das Gesicht ausgeschnitten wurde. In die Spitze muss man am besten Papier stopfen, damit sie nicht umkippt.
Die Süßigkeitenmaschine wird aus einem großen Karton gemacht, rosa angemalt und mit aufgemalten Bonbons verziert. Oben wird eine Öffnung für den Kopf ausgeschnitten, unten ist der Karton offen. Nach vorne öffnet sich eine Schublade, die das Kind von innen schieben kann.
Die Barbiepuppe trägt ein Prinzessinnenkleid (Fasching). Die zwei Engel haben goldene Pappflügel, die mit einem Gummiband wie ein Rucksack aufgesetzt werden.

Personen:

Anna
Mutter
1. Engel
2. Engel
Weihnachtsbaum
Süßigkeitenmaschine
Barbiepuppe
1. Kind
2. Kind
3. Kind

Kindergruppe (ca. 4–10 Kinder)
Maria
Josef
1. Hirte
2. Hirte
3. Hirte
Schafe (eventuell Plüschtiere)

(Anna wird von ihrer Mutter am Abend vor Weihnachten ins Bett gebracht. Sie gehen quer über die Bühne zum Bett.)

Mutter : Nun komm, Anna. Jetzt schlüpf unter die Bettdecke und schlaf recht schnell und gut.

Anna: Ich kann nicht schlafen, ich bin so aufgeregt, weil doch morgen Weihnachten ist.

Mutter: Gerade deswegen sollst du ja jetzt schlafen. Der Tag morgen wird lang und aufregend. Da musst du doch ausgeschlafen sein. – Mach die Augen zu und träume was Schönes.

Anna: Was soll ich denn träumen?

Mutter: *(überlegt)* Mmhhh, träume doch von den Weihnachtsengeln oder von deinem Wunschzettel oder vom Weihnachtsbaum. – Gute Nacht jetzt, ich habe noch viel zu tun.
(Sie gibt ihr einen Kuss und geht ab. – Eine Spieluhr geht an und eine Lichterkette weist auf die Traumsituation, die jetzt folgt.)

Anna: *(setzt sich auf)* Oh, was für schöne Lichter. Ist denn jetzt schon Weihnachten? – Bringen mir die Weihnachtsengelchen meine Geschenke?

1. und 2. Engel: *(Sie treten gleichzeitig auf und sprechen auch jeweils miteinander)*
Was wünscht du dir denn zu Weihnachten, liebe Anna?

Anna: Darf ich mir wirklich was wünschen?

1. und 2.Engel: Ja, liebe Anna.

Anna: Das ist ja supertoll. *(Sie überlegt.)*
Also, zuerst wünsche ich mir einen großen Weihnachtsbaum.

1. und 2. Engel: Sofort, liebe Anna.
(Die beiden Engel zerren einen unwilligen Weihnachtsbaum auf die Bühne und stellen ihn neben dem Bett auf.)

Weihnachtsbaum: He, was soll das? Was macht ihr mit mir?

Anna: Du bist jetzt mein Weihnachtsbaum!

Weihnachtsbaum: Weihnachtsbaum – wozu soll das gut sein?

Anna: Na, damit ich dich schön schmücken kann mit Kerzen und Kugeln und meine Geschenke unter dich legen kann.

Weihnachtsbaum: Das find' ich aber nicht sehr witzig.

Anna: Ach komm, sei kein Frosch.

Weihnachtsbaum: Ich bin kein Frosch, ich bin ein Tannenbaum.

Anna: Pass auf, ich erzähl dir von meinem Wunschzettel, das wird dir gefallen. Also, zuerst wünsche ich mir eine Süßigkeitenmaschine, die mir jedesmal Süßigkeiten ausspuckt, wenn ich dran vorbeikomme.

1. und 2. Engel: *(Sie bringen die gewünschte Süßigkeitenmaschine.)*
Du hast dir eine Süßigkeitenmaschine gewünscht, liebe Anna, Wo sollen wir sie hinstellen?

Anna: Das klappt ja famos. Am besten hier in die Ecke.
(Die Maschine wird neben dem Weihnachtsbaum aufgestellt.)
Ich will sie gleich ausprobieren.
(Anna geht an der Maschine auf und ab.)

Süßigkeitenmaschine: *(die Schublade geht auf.)*
Ein Bonbon für Anna. *(Die Schublade geht zu.)*

Anna: Es funktioniert, ist ja toll! (Anna bedient sich.)

Süßigkeitenmaschine:
Einen Keks für Anna.

Anna: Danke, liebe Maschine.

Süßigkeitenmaschine:
Einen Lutscher für Anna.

Anna: Danke, Danke, das ist erst mal genug. *(überlegt)*
Jetzt wünsche ich mir eine Barbiepuppe.

1. und 2. Engel: *(Die gewünschte Puppe tippelt zwischen den Engeln herein.)*
Eine Barbiepuppe, bitte sehr, liebe Anna.
(Die Puppe wird in der Bühnenmitte abgestellt.)

Anna: Das ist ja unglaublich. Alle meine Wünsche werden wahr.
(Die Puppe bleibt unbeweglich stehen.)
Du bist ja so schön, und hast so schöne Kleider an. Komm lass uns was spielen ... *(Die Barbiepuppe steht regungslos da.)*
Weißt du was, ich mach' dir eine schöne Frisur.
(Anna holt einen Kamm und eine Haarnadel, kommt dabei an der Süßigkeitenmaschine vorbei.)

Süßigkeitenmaschine:
Ein Gummibärchen für Anna.

Anna: Hast du mich jetzt aber erschreckt. *(Sie macht einen Bogen um die Süßigkeitenmaschine. Dann beginnt sie ihre Barbiepuppe zu frisieren.)* Halt mal den Kamm! *(Der Kamm fällt zu Boden.)*

Na ja , dann eben nicht!
(Sie steckt der Puppe Klammern in die Haare.)
So, jetzt bist du noch schöner, und was tun wir jetzt?
(Sie bewegt den Arm der Barbiepuppe rauf und runter, dreht sie um sich, macht Faxen, doch die Barbiepuppe rührt sich nicht.)

Anna: Irgendwie bist du nicht sehr lustig. Ich glaube, jetzt wünsche ich mir etwas, mit dem ich mehr anfangen kann. Ach, ich weiß, wie wär's mit einem Tretroller?

1. und 2. Engel: Hier kommt dein Roller, liebe Anna.

Anna: Ist ja gigantisch, jetzt brauche ich nur noch etwas Platz, dann kann's losgehen.
(Sie schiebt die Barbiepuppe zur Seite und fährt los, zunächst etwas wacklig, kommt allerdings wieder an der Süßigkeitenmaschine vorbei.)

Süßigkeitenmaschine:
Einen Schokoriegel für Anna.

Anna: *(verärgert)* Tu das weg, ich mag keine Süßigkeiten mehr, ich bin ja schon ganz klebrig.

Süßigkeitenmaschine:
Einen Schokoriegel für Anna.

Anna: *(Sie nimmt ihn und wirft ihn weg.)*
Dumme Süßigkeitenmaschine!
(Sie fährt weiter mit ihrem Roller herum, macht aber einen großen Bogen um die Süßigkeitenmaschine.)
Ja, das macht wirklich Spaß! *(Sie fährt weiter.)*
Eigentlich ist das ja langweilig.
(Sie wendet sich an den Weihnachtsbaum.)

Anna: Was soll ich denn jetzt machen?

Weihnachtsbaum: Wie wär's, wenn du dir jetzt wünscht, dass es Weihnachten wird?

Anna: Das habe ich mir doch die ganze Zeit schon gewünscht.

Weihnachtsbaum: Nein, bisher hast du dir nur irgendwelche Dinge gewünscht.
Anna: Hm, und was passiert dann, wenn ich mir Weihnachten wünsche?

Weihnachtsbaum: *(freundlich)* Du wirst schon sehen.

Anna: *(Sie stellt den Roller am Bett ab, setzt sich aufs Bett und schließt die Augen.)*
Ich wünsche, ich wünsche mir, dass es wirklich Weihnachten wird.

(Drei Kinder mit Kerzen in der Hand ziehen mit einer Singgruppe auf die Bühne. Dabei singen sie »O du fröhliche«, EG 44,1. Sie bleiben schließlich vor Anna stehen.)

Anna: Wer seid ihr denn und was macht ihr hier?

1. Kind: Ich bin der Claudius und das sind meine Freunde. Wir sind unterwegs nach Weihnachten! Willst du mitkommen?

Anna: Oh ja, ist es weit bis dorthin?

2. Kind: Es geht. Wir singen auf dem Weg dorthin.

● Gemeindelied: »Ihr Kinderlein kommet«, EG 43, 1–4; oder
»Zu Bethlehem geboren«, EG 32, 1–4; GL 140, 1–4

(Die Kinder und Anna ziehen durch die Kirche. Inzwischen wird auf der Bühne umgebaut und das Krippenbild mit Maria, Josef, dem Kind in der Krippe und den Hirten aufgestellt. Annas Bett bleibt stehen. Die Lichterkette wird aus gemacht. Schließlich kommen die Kinder vor der Krippe an.)

2. Kind: Wir sind da, Anna.

Anna: Das soll Weihnachten sein?
Das ist ja nur ein kleines Kind mit seinen Eltern.

3. Kind: Aber es ist kein gewöhnliches Kind. Es heißt Jesus und kommt als Sohn Gottes zu uns. Das ist das alleraußergewöhnlichste Geschenk, das Gott uns geben kann. Damit zeigt er uns, wie lieb er uns hat.

Anna: Darf ich ihn mal halten?

Maria: Ja, aber sei vorsichtig. *(Sie reicht ihr das Baby.)*

Anna: Ganz schön schwer, Gottes Liebe.
Er schaut mich an, wenn ich mit ihm rede. Ich glaube, er hört mir zu. Das hat die Barbiepuppe nicht gemacht.
(Sie gibt das Baby zurück.)
Aber woher wollt ihr wissen, dass das Gottes Sohn ist?

1. Hirte: Das haben uns die Engel verkündet, draußen auf dem Feld.

Anna: Ach ja , da kenn' ich auch welche. Die sind niedlich mit ihren Flügelchen.

2. Hirte: Na, ich weiß nicht, was das bei dir für Engel waren. Unsere Engel haben uns zuerst ganz schön erschreckt. Die waren hell wie die Sonne und ihr Gesang war gewaltig.

3. Hirte: *(tritt vor)* Der Engel sagte: Fürchtet euch nicht, siehe, ich verkündige euch heute große Freude, die allem Volk widerfahren wird. Denn euch ist heute der Heiland geboren, welcher ist Christus, der Herr in der Stadt Davids. Und das habt zum Zeichen: Ihr werdet finden das Kind in Windeln gewickelt und in einer Krippe liegen.
(nachdenklich) Na ja, und so war's dann auch.

Anna: Wow, das ist ja eine schöne Bescherung. Was soll ich denn jetzt tun? Mir gefällt die Heilige Nacht hier, aber das Weihnachten mit den Geschenken gefällt mir auch.

1. Kind: Das ist doch ok. Wir erinnern uns doch gerade mit den Geschenken an den Geburtstag von Jesus. Das soll ja auch Freude machen.
Aber wir dürfen eben Jesus nicht ganz dabei vergessen.

Anna: Das tu ich ganz bestimmt nicht. Ich *(gähnt)*, ich werde das auch meinen Eltern erzählen. *(gähnt nochmals)* Ohhhh, ich bin ja soooo müde. Ich muss mich ein bisschen hinlegen.
(Sie geht zum Bett, legt sich rein und murmelt schon halb im Schlaf:)
Gottes Liebe ist wirklich ganz schön schwer ...
(Anna schläft und schnarcht.).

● Gemeindelied: »Stille Nacht, Heilige Nacht«, EG 46,1; GL 145,1

(Die Darsteller der Krippenfiguren und die Kinder verlassen die Bühne.)

Schluss: *(Mutter kommt zum Wecken)*
Wach auf, Anna, heute ist Heiligabend. Du freust dich doch sicher schon auf deine Geschenke.

Anna: Oh, ja, Mama ! Aber, bitte keine Süßigkeitenmaschine!

Wo wohnt das Christkind?

Ingrid Wedekind

Vorbemerkung

Dieses Spiel befasst sich mit der Suche nach dem Christkind. Die Suche wird erst räumlich und dann zeitlich probiert, um schließlich ihr Ziel in unserem Alltag zu finden.
Das soll mit einfachen, bildhaften Mitteln geschehen: Jedes Kind hält gut sichtbar ein Geschenk (Spielzeug) für das Christkind in der Hand. Dabei achte man auf die Anfangsbuchstaben der Gaben, denn sie sollen später in zwei Körben gesammelt die Wörter »GLAUBE« und »LIEBE« ergeben. Der Umgang mit dem Spielzeug muss gut ausgespielt werden.
Das Spiel kann sowohl in der intimen Atmosphäre eines Klassen- oder Gemeinderaums als auch in größerem Rahmen dargeboten werden. Die Anzahl der Spieler kann bei entsprechender Textverteilung beliebig erweitert werden (mehr Straßenarbeiter, mehrere Kinder bringen das gleiche Geschenk). Die Darsteller können aus einer homogenen, aber auch aus einer altersgemischten Gruppe bestehen (Alter: 4 bis 10 Jahre). Lediglich der »Weise« müsste etwas älter sein.
An Requisiten sind neben den Geschenken (siehe unter »Personen«) nur eine Wand- oder Tafelfläche, zwei große zu beschriftende Pappstreifen sowie zwei Körbe nötig. Der Spielleiter kann selbst entscheiden, ob er den Straßenarbeitern eine Schaufel in die Hand gibt und dem Uhrmacher eine Uhr um den Hals hängt.
Das Spiel sollte aus dem Halbkreis entwickelt werden. Die Gänge der Spieler auf der Bühne können, wie hier vorgeschlagen, von einer kleinen Instrumentalgruppe begleitet werden (z.B. Flöten oder Orff-Instrumente). Es kann aber auch nur gesungen werden. Dabei bieten sich bekannte Weihnachts- und Adventslieder an.
Gegen Schluss der Darbietung hat sich der Halbkreis so geöffnet, dass im Hintergrund die Tafel mit den Körben sichtbar wird – etwa so:

Tafel

Korb Korb

Uhrmacher Straßenarbeiter

Personen:

5 Kinder	**G**edicht	5 Kinder	**L**aterne
mit folgenden	**L**ied	*mit folgenden*	**I**ngwer
Geschenken:	**AU**to	*Geschenken:*	**E**sel
	Ball		**B**untstifte
	Ente		**E**rdnüsse

zwei Straßenbauer (oder mehr)
Uhrmacher
Weiser

(Während des Aufzugs der Kinder wird eine weihnachtliche Melodie gespielt.)

1. Kind: Ich bringe dem Christkind ein Gedicht.

2. Kind: Ich habe ein Lied.

3. Kind: Ich schenke etwas zum Spielen – mein schönstes Auto. Seht mal, wie es glänzt! Und wie schnell es fahren kann! *(Lässt es auf dem Fußboden mit imitierendem Motorengeräusch fahren.)* Na, ist das was?!

4. Kind: Und ich habe einen bunten Ball. Seht mal, wie er springt *(prellt einige Male)* und wie man ihn rollen kann. *(Es rollt den Ball einem anderen Kind zu, bekommt ihn zurückgerollt.)* Damit kann das Christkind auch werfen – ganz weit.

5. Kind: Ich bringe eine Ente. Wenn man sie drückt, quietscht und schnattert sie. *(Es drückt die Ente und lässt sie mehrere Male quietschen.)* Hört mal! Sicher wird das Christkind sich freuen über die Sachen.

1. Kind: Ob wir wohl auf dem richtigen Weg sind?

(Die Kinder treffen zwei Straßenarbeiter bei der Arbeit.)

2. Kind: Guckt mal, dort sind Straßenarbeiter!

1. Arbeiter: Wo wollt ihr denn hin?

3. Kind: Zum Christkind.

4. Kind: Weißt du den Weg dahin?

5. Kind: O, bitte, zeig ihn uns!

6. Kind: Schaut mal, wir wollen ihm etwas schenken. Ich habe eine Laterne, selbst gebastelt. Damit kann es laufen und singen.
(singt:)
Rotes, grünes, gelbes Haus,
Lichtlein, Lichtlein, geh nicht aus.
(Es kann auch ein anderes Laternenlied sein.)

7. Kind: Und hier ist Ingwer – in einer ganz besonders schönen Dose.

8. Kind: Ich bringe ihm einen Esel, den habe ich von meinem Taschengeld gekauft.

9. Kind: Hier sind Buntstifte zum Malen: dicke für große Bilder und dünne, wenn das Christkind etwas Feineres malen will.

10. Kind: Ich habe Erdnüsse. Es macht immer so viel Spaß, wenn man sie auspult, und die feinen Schalen kann man dann in die Gegend pusten – so ... *(pult und pustet)*
Sag, in welche Richtung müssen wir jetzt gehen?

1. Arbeiter: Aber, Kinder, ich kann euch den Weg nicht zeigen. *(zum 2. Arbeiter:)* Weißt du den Weg dahin?

2. Arbeiter: Ich habe schon viele Straßen auf der Welt gebaut: in Deutschland, in Frankreich, in Afrika – aber keine führte zum Christkind.

1. Arbeiter: Und ich sah schon viele Wegweiser: nach *(Name des Heimatortes oder der nächst gelegenen Stadt)* Berlin, aber noch nie sah ich einen Wegweiser zum Christkind.

2. Arbeiter: Ich glaube, zum Christkind ist es ganz, ganz weit – weiter als die Erde reicht.

6. Kind: *(enttäuscht)* Keiner von euch kann uns helfen?

1. Arbeiter: Nein, von den Straßen, die wir bauen, führt sicher keine zum Christkind.

Alle Kinder: *(traurig)* Oooooh ...

(Während ein Lied gesungen oder eine Melodie gespielt wird, ziehen die Kinder weiter. Sie begegnen einem Uhrmacher.)

7. Kind: Oh, da ist ein Uhrmacher. Vielleicht weiß er den Weg.

8. Kind: Uhrmacher, kannst du uns den Weg zum Christkind zeigen?

Alle Kinder: *(durcheinander)* O ja, bitte, sag uns, wo ist er ...

Uhrmacher: Zum Christkind? Tut mir Leid, den Weg kann ich euch nicht zeigen. Da müsstet ihr weit zurückgehen. Alle Uhren müssten rückwärts laufen. Und ihr müsstet mit der Zeit rückwärts laufen, 2000 Jahre lang. Aber wie man das macht, weiß ich auch nicht. Ihr seht, ich kann euch nicht helfen.

Alle Kinder: *(traurig)* Oooooh ...

(Während ein Lied gesungen oder eine Melodie gespielt wird, ziehen die Kinder weiter. Sie begegnen einem Weisen. Vor ihm stehen zwei leere Körbe.)

Weiser: Nanu, Kinder, wohin wollt ihr?

9. Kind: Zum Christkind, wir wollen ihm Geschenke bringen.

10. Kind: Aber der Straßenarbeiter hat gesagt, das ist zu weit weg.

1. Kind: Weiter, als die Erde reicht.

2. Kind: Und der Uhrmacher hat gesagt, dann müssten alle Uhren rückwärts gehen.

3. Kind: 2000 Jahre lang.

4. Kind: Und wir müssten mit der Zeit rückwärts laufen.

5. Kind: Aber wie man das macht, das wusste der Uhrmacher auch nicht.

Weiser: Vielleicht kann ich euch helfen.

6. Kind: *(erfreut)* Du kannst uns den Weg zeigen?

7. Kind: Wer bist du?

Weiser: Ich bin ein Weiser.

8. Kind: Weißt du alles?

Weiser: Nein, nicht alles, aber ich weiß viel; denn ich bin sehr alt und habe viel nachgedacht.

9. Kind: Und wo ist der Weg?

Weiser: Wir wollen versuchen, ihn gemeinsam zu finden – zeigt einmal, was ihr mitgebracht habt.
(Die Kinder halten ihre Gaben hoch.)
Wir legen alles in meine beiden leeren Körbe.

*(Die Kinder legen nacheinander ihre Geschenke in die Körbe, benennen sie deutlich, der Weise schreibt gleichzeitig auf zwei an der Tafelwand haftende Pappstreifen für die Zuschauer gut lesbar jeweils den Anfangsbuchstaben auf, so dass aus **G**EDICHT, **L**IED, **A**UTO, **B**ALL, **E**NTE, die im 1. Korb liegen, und **L**ATERNE, **I**NGWER, **E**SEL, **B**UNTSTIFTE, **E**RDNÜSSE, die im 2. Korb liegen, folgende Streifen entstehen: GLAUBE – LIEBE)*

Alle Kinder: *(lesen im Chor)* G-l-a-u-b-e, L-i-e-b-e.

Weiser: Schaut mal! *(Er zeigt auf die Streifen, nimmt sie von der Tafel und legt sie sichtbar auf den jeweiligen Korb.)*
Das ist das Wichtigste und Schönste, was ihr dem Christkind geben könnt. Das ist es, was Christus braucht; denn in jedem Geschenk von euch steckt ein Stück Glaube, steckt Liebe drin.

10. Kind: Und wenn wir nun etwas anderes mitgebracht hätten – mit anderen Buchstaben?

Weiser: Das spielt keine Rolle. Ihr habt Christus gesucht und ihm Freude bringen wollen. Das ist das Entscheidende.

1. Kind: Und was sollen wir nun mit unseren Geschenken machen?

Weiser: Schenkt sie Menschen, die ihr lieb habt.

(Zunächst stilles Nachdenken bei den Kindern, dann kommen ihnen Ideen.)

4. Kind: O ja, den Ball bekommt meine kleine Schwester.

5. Kind: Und die Ente ist für meinen Bruder.

Weiser: Das ist recht. Alles, was ihr den Menschen an Freude bringt, das habt ihr gleichzeitig dem Christkind geschenkt.
Christus ist immer bei uns Menschen, auch wenn wir ihn nicht sehen können. Er hat euch lieb und will, dass ihr diese Liebe weitergebt.
Er nimmt sich dann von all euren Gaben den Glauben und die Liebe.

(Während musiziert wird, nehmen die Kinder ihre Gaben wieder aus dem Korb und erzählen einander fröhlich, wen sie damit beschenken wollen.)

2. Kind: Und die beiden Schriftstreifen?

Weiser: *(hält beide hoch)* Die kleben wir auf einen Wegweiser. Vielleicht haben wir nun einen Wegweiser zum Christkind.

3. Kind: Dann brauchen wir gar nicht weiter zu wandern?

Weiser: Nein!

6. Kind: Dann finden wir das Christkind überall, wo wir jemanden beschenken?

Weiser: Ja, wenn ihr
von ganzem Herzen
im rechten Glauben
und mit Liebe schenkt!

(Während des Abzugs der Kinder wird nochmals eine Melodie gespielt.)

Das Auge, auf dem man blind ist

Nach einer Erzählung von Rudolf Otto Wiemer –
als Spiel eingerichtet von Heinz Hauger und Helga Werner

Vorbemerkungen:

Das Spiel arbeitet mit einer erzählerischen Rückblende. Die 1. und 3. Szene bilden den Rahmen um eine vergangene Erzählung.
Die Spielfläche für die 2. Szene ist geteilt in Gaststube (Tisch und Stühle) und Stall. Für die Rahmenszene genügt ein Tisch und drei Stühle am Rand der Spielfläche. Von dort aus geht der Wirt sozusagen in seine Erzählung (Spielfläche) hinein, während die beiden Gäste am Tisch sitzen bleiben und die Szene mitverfolgen.

Spieler/innen:	Wirt	vier Hirten	ohne Sprechtext
	zwei Gäste	Josef	ohne Sprechtext
	Knecht	Maria	ohne Sprechtext

1. Szene: Gaststube in Bethlehem

(Tisch am Rand der Spielfläche. Der Wirt bedient zwei Männer und setzt sich dann zu ihnen.)

1. Gast: Sagt mal, Herr Wirt, Ihr habt sicher schon viel erlebt, seit Ihr euren Gasthof den »Fünfzackigen Stern« nennt?

Wirt: *(voll Stolz)* Das will ich meinen, hab's aus eigener Kraft zu Glanz und Ansehen gebracht – schaut Euch nur um!
Freilich, nur mit Höflichkeit allein war es dabei nicht getan.

2. Gast: Ihr habt sicher auch schwer gearbeitet?

Wirt: Und man muss auch hart sein können. Wo käme ich hin, wenn ich auf jeden Bettler hereinfiele? Das wäre ein schlechter Wirt, der nicht auf einem Auge blind sein kann.

1. Gast: Das verstehe ich nicht ganz. Wie meint Ihr das?

Wirt: *(schelmisch)* Nun – ich gewöhnte mir einfach an, gewisse Dinge nur mit dem linken Auge zu betrachten. Ich sehe etwas – und sehe es auch wieder nicht.

2. Gast: *(lacht)* Ich begreif's! Was er nicht sehen will, schaut er einfach mit dem linken Auge an.

Wirt: Ja, meine alte Putzfrau zum Beispiel – sie war ihr halbes Leben lang hier im Haus. Hätte ich Mitleid haben sollen, als sie alt und schwach war? – Ich hab' sie ins Armenhaus geschickt.

1. Gast: Und das habt Ihr immer so durchgehalten?

Wirt: Sehr oft! Aber man lernt doch nie aus. Hätte ich gedacht, dass man zugleich blind *und* sehend sein kann?
(Die Gäste blicken ihn verständnislos an.)
Ich will Euch die Geschichte erzählen. Ich kann nicht oft genug davon reden, obwohl ich sonst nicht zu den schwatzhaften Leuten gehöre.
(Der Wirt geht in die »Gaststube« auf der Spielfläche und erzählt.)

2. Szene: Der hohe Gast (Rückblende)

Wirt: An jenem Tag hatte ich alle Zimmer besetzt – lauter reiche und sehr ordentliche Leute. Nur eines stand noch leer.
Es begann dunkel zu werden, als es an die Tür klopfte ...
(Der Wirt öffnet. Josef und Maria stehen draussen. Wirt ruft hinaus:)

Wirt: Hier ist kein Platz mehr! – *(zu den beiden Gästen gewandt:)*
Das sind keine Leute, von denen ich etwas erwarten kann.

Josef: *(fleht)* Siehst du denn nicht meine Frau? Sie erwartet ein Kind und braucht dringend ein Dach über dem Kopf, wo sie bleiben und ruhen kann.

Wirt: *(kalt)* Tut mir leid!

Josef: So wollt ihr uns in Nacht und Kälte stehen lassen?
(Er nimmt Maria an der Hand, um wegzugehen.)

Wirt: *(zornig)* Seht zu, ob im Stall noch Platz ist! Bessere Unterkunft habe ich nicht!
(Er macht die Tür zu und geht nachdenklich im Zimmer auf und ab.)
Mir wurde doch ausgerichtet, ich soll ein Zimmer reservieren, es würde noch ein hoher Gast kommen? – Nun ist es schon so spät – alles schläft ... *(Er macht die Tür einen Spalt auf.)*
Was schimmert denn dort für ein Licht?

Knecht: *(draußen, nur im Hintergrund)* Komm doch näher!
(Der Wirt hat den Knecht nicht gesehen und erschrickt deshalb.)
Bist doch sonst so neugierig!
(Der Wirt tappt in Schürze und Pantoffeln hinaus und blickt sich suchend um.)

Knecht: Guten Morgen, lieber Herr!

Wirt: Ach, du bist es. Warum sagst du guten Morgen? Ist die Nacht schon zu Ende?

Knecht: Jawohl, diese Nacht und alle übrigen Nächte!

Wirt: Das begreife ich nicht!

Knecht: Du verstehst manches nicht, sonst hättest du den Herrn, dessen Ankunft dir gemeldet war, nicht von der Tür gewiesen.

Wirt: Ist er denn gekommen? *(Der Knecht nickt nur.)*
Wo ist er? *(ironisch)* Etwa auf der Tenne im Stall?

Knecht: Wenn du willst, darfst du einmal durch die Stallwand blinzeln, vielleicht siehst du ihn.

Wirt: *(zornig)* Unverschämter Kerl! Muss ich dich um Erlaubnis bitten, wenn ich in meinen eigenen Stall schauen will?

Knecht: Tritt nur näher – vielleicht hörst du sogar den Engelsgesang.

(Kinder singen.)

Wirt: *(Er tritt an die Wand, stellt sich auf die Zehenspitzen und blickt durch ein Astloch – enttäuscht.)*
Wenn das alles ist, hätte ich nicht mitten in der Nacht durch die Kälte laufen brauchen.

Knecht: Siehst du nichts?

Wirt: O doch, einen Mann sehe ich! – Ich kenne ihn bereits, er ist ebenso alt wie zudringlich.

Knecht: Sonst nichts?

Wirt: Gewiss, eine junge Frau, sie sitzt auf dem Hauklotz. Sie hält ihre Hände, um sie zu wärmen, an die Laterne. Was kann ich dafür, dass es im Stall so kalt ist?

Knecht: Und?

Wirt: Nun ja, ein Stall, weiter nichts.

Knecht: Siehst du nicht das Kind?

Wirt: *(erstaunt)* Wahrhaftig. Ein neugeborenes Kind. In der Krippe liegt es.

Knecht: Es muss sehr hart sein!

Wirt: Ist das alles? Das landfahrende Volk, das ich von der Tür wies, weil alle Zimmer belegt waren?

Knecht: *Ein* Zimmer ist frei! Warum hast du es dem Herrn, der dir gemeldet war, nicht gegeben?

Wirt: *(unwillig)* Der Herr! Der Herr! Was redest du für Unsinn? Meinst du, ich kann einen vornehmen Herrn nicht von Bettelleuten unterscheiden?

Knecht: Wahrscheinlich nicht. Ich vermute, du hast mit dem falschen Auge in den Stall geschaut.
Versuche es doch mit dem andern, lieber Herr!
(Der Wirt schüttelt ärgerlich den Kopf und will ins Haus zurück.)
Versuche es doch! Schau mit dem Auge, auf dem du blind bist!
(Der Wirt geht widerwillig an die Wand und schaut mit dem linken Auge durch die Ritze. – Er schweigt.)

Knecht: Siehst du ihn jetzt, den Herrn?

Wirt: *(Er bleibt auf den Zehen stehen und sieht die Hirten kommen.)*
Es ist ja der Jan, der Matte und der Hans-Jochen! Ja, und sogar der junge Pit, der ihnen immer den Schnaps aus der Herberge holt!

(Die Hirten treten an die Krippe und knien nieder. Sie legen dann ihre Gaben dort ab.)

Jan: Der Engel sang uns vom Frieden auf Erden und wies uns den Weg zum Stall. Hier hast du einen Laib Brot.

Matte: Und hier einen Krug mit Wein.

Hans-Jochen: Ich hab' dir ein schlohweißes Lammfell mitgebracht, du kleines Kind, dass du nicht so frierst.

Pit: Ich hab' dir einen Stern aus Strohhalmen geflochten.

Knecht: *(zum Wirt)* Siehst du den Herrn der Welt? Hörst du den Engelgesang? *(Die Kinder singen wieder.)*

3. Szene: Gaststube in Bethlehem

(Der Wirt geht wieder in die Gaststube zurück, wo die beiden Gäste, die alles mitverfolgt haben, warten.)

Wirt: Die seltsame Nacht ist längst vergangen. Und doch frage ich mich immer wieder, ob das alles wahr ist oder ob ich es nur geträumt habe.

Knecht: *(Er ist eingetreten und hat die letzten Worte noch gehört.)*
Begreifst du noch immer nicht, dass in jener Nacht alles anders war, als wir es uns ausdenken können?
Der Gast, den du vergeblich erwartet hast, war längst bei dir eingekehrt. Er war ein König und lag in einem Stall. Die Mitternacht rief guten Morgen! – Und die törichten Hirten waren klug.
Ist es da verwunderlich, wenn ein blindes Auge mehr erkennt als ein sehendes?